新编
应用文写作

主　审　孙　波
主　编　黄晓英　林　锋
副主编　柳孜亮
参　编　吴丽娟　何佳璘　代　娇

XINBIAN
YINGYONGWEN XIEZUO

重庆大学出版社

内容提要

本书精选了通知、启事、申请书、求职信、计划、产品说明书、劳动合同等，具有规范性、模仿性的范文，系统讲述了中职学生在校学习、参与社会实践和毕业后求职过程中需要用到的应用文种。模块化的编写体例使得理论与实践紧密结合，真正做到了理实一体，具有很强的针对性、适用性和操作性，实现了“边学边用、活学活用”的教学目标，能切实提高中职学生的应用写作能力和综合素质。

图书在版编目(CIP)数据

新编应用文写作/黄晓英，林锋主编. --重庆：重庆大学出版社，2024.4

ISBN 978-7-5689-4174-7

Ⅰ.①新… Ⅱ.①黄…②林… Ⅲ.①汉语—应用文—写作 Ⅳ.①H152.3

中国国家版本馆 CIP 数据核字(2023)第 169820 号

新编应用文写作

主　审　孙　波

主　编　黄晓英　林　锋

副主编　柳致亮

责任编辑：杨　漫　　版式设计：杨　漫

责任校对：刘志刚　　责任印制：赵　晟

*

重庆大学出版社出版发行

出版人：陈晓阳

社址：重庆市沙坪坝区大学城西路 21 号

邮编：401331

电话：(023)88617190　88617185(中小学)

传真：(023)88617186　88617166

网址：http://www.cqup.com.cn

邮箱：fxk@cqup.com.cn(营销中心)

全国新华书店经销

重庆市美尚印务股份有限公司印刷

*

开本：787mm×1092mm　1/16　印张：7.5　字数：174 千

2024 年 4 月第 1 版　　2024 年 4 月第 1 次印刷

ISBN 978-7-5689-4174-7　定价：29.00 元

前言

随着时代的发展，应用文写作能力越来越受重视，成为技能型人才必须具备的基本技能之一。为了适应技工院校应用文教学的要求以及技工院校学生的现实需要，推进课程思政的建设，发挥好课程的育人作用，切实提高学生的应用文写作能力和综合素质，我们组织老师编写了《新编应用文写作》一书，教材内容符合地区经济发展要求。本教材的编写具有以下特点：

一、融入课程思政理念

本书选择工作和生活中较为常见实用的应用文体，对学生进行写作训练，以提高学生应用文书的写作能力。教材富有思想性，在具体的项目化课程教学中，充分挖掘其中的思想政治教育资源，旨在提高学生的语言表达能力、职业素养、思想水平。

二、采用项目式编写方式

本书以“项目—任务”为主线，注重理论与实践相结合的原则，全面提升学生应用文写作素养。全书共六章：“应用文概述”“公务文书”“事务文书”“职场文书”“宣传文书”和“礼仪文书”，大都是人们日常工作、生活和社会交往中经常用到的应用文。同时，每一章节按照模块体例进行编写，即情景导入模块、知识积累模块、范例呈现模块、能力训练模块，理论与实践紧密结合，真正做到了理实一体，具有很强的针对性、适用性和操作性，可以帮助中职学生摆脱应用文写作“书到用时方恨少”的尴尬，实现“边学边用、活学活用”的目标。

三、精选范文，侧重通用性、启发性、针对性

所选范文包括通知、启事、申请书、求职信、计划、产品说明书、劳动合同等，具有规范性、模仿性强的优势，选材上体现了社会道德规范或生活常识。

本书由黄晓英、林锋主编,孙波主审。编写分工如下:柳孜亮编写项目一应用文概述;吴丽娟编写项目二公务文书;何佳璘编写项目三事务文书;林锋编写项目四职场文书;代娇编写项目五宣传文书;柳孜亮、黄晓英编写项目六礼仪文书;黄晓英、林锋负责整理全书。

本书在编写过程中力求做到概念准确、通俗易懂、选材精当。参编者都是来自重庆市中职学校从事应用文教学的一线教师,本书的编写凝聚着他们的心血和智慧。但囿于编者水平有限,书中难免有不足和疏漏之处,我们恳请广大师生和读者提出宝贵的意见和建议。

编　者

2023 年 4 月

目录

项目一　应用文概述

任务一　应用文写作的起源和发展

模块一　情景导入

同学们,试比较以下两段文字:

一、一语未完,只听后院中有笑语声,说:“我来迟了,没得迎接远客!”黛玉思忖道:“这些人个个皆敛声屏气如此,这来者是谁,这样放肆无礼?”心下想时,只见一群媳妇丫头拥着一个丽人从后房进来。这个人打扮与姑娘们不同,彩绣辉煌,恍若神妃仙子……粉面含春威不露,丹唇未启笑先闻。

二、新华社北京 10 月 22 日电　中国共产党第二十次全国代表大会在选举产生新一届中央委员会和中央纪律检查委员会,通过关于十九届中央委员会报告的决议、关于十九届中央纪律检查委员会工作报告的决议、关于《中国共产党章程(修正案)》的决议后,22 日上午在人民大会堂胜利闭幕。

大会号召,全党全军全国各族人民紧密团结在以习近平同志为核心的党中央周围,牢记空谈误国、实干兴邦,坚定信心、同心同德,埋头苦干、奋勇前进,为全面建设社会主义现代化国家、全面推进中华民族伟大复兴而团结奋斗。

习近平同志主持大会。

通过两段文字对比,我们可以看出:第一段文字出自小说《红楼梦》描写性格泼辣的王熙凤出场,形象生动逼真;后一段文字简洁明了地指出中国共产党第二十次全国代表大会闭幕会的情况,毫不含糊,使阅读者明确闭幕会的主要内容和程序。两段文字有很大的区别。前者是文学作品内容,那后者呢?现在开始,我们就一起来详细地了解和学习这样一种文体——应用文。

模块二　知识积累

我国应用文已经有 3 500 多年的历史,可谓历史悠久,源远流长。

上古时期是应用文的萌芽期。在我国殷墟出土的甲骨文,很多是占卜吉凶、祭祀祖先的记录,它们就是应用文的“祖先”。《尚书》是我国最早的应用文专集,它是我国古代公文写作的雏形。

秦汉时期是应用文的初生期和发展期,公文文体分类和公文格式已基本形成,并且有了上行文和下行文的区别,如皇帝向臣子发布的“圣旨”、臣子向皇帝上报的奏折。魏晋南北朝是应用文的成长期,无论是写作实践还是理论,都有明显的发展进步。如曹操的《求贤令》、诸葛亮的《出师表》、刘勰的《文心雕龙》等,成为后人研究应用文文体的重要依据。隋、唐、宋时期是应用文的发展高峰期,出现了韩愈的《祭十二郎文》、欧阳修的《朋党论》、魏征的《谏太宗十思疏》等许多应用文的传世佳作。元、明、清时期是我国应用文的稳定发展阶段,清代刘熙载正式提出了“应用文”这一名称。辛亥革命以后,应用文进入了革新期,并明确规定:“凡处理公事之文件为公文”,对公文概念作了较明确的规定。

新中国成立后,应用文进入了一个全新的发展时期。国务院办公厅于 1987 年公布了《国家行政机关公文处理办法》,1993 年、1996 年又分别作了两次修订。2000 年,《国家行政机关公文处理办法》规定了行政机关公文 13 种。2012 年颁发的《党政机关公文处理工作条例》标志着我国应用文写作进入了一个崭新的阶段。

任务二　应用文写作的基础知识

模块一　情景导入

某班准备搞一次元旦晚会,班主任要求班委集体做一个活动策划方案。几个班干部都不知道怎么弄,就一致推荐文娱委员小李来完成。小李就写了一份所谓的活动方案交给了班主任。班主任一看,是这样写的:

元旦晚会方案

地点:教室

时间:明日晚上

人员:全班同学

内容:大家一起做游戏

班主任看了连连摇头:这方案写得可真够呛!这活动究竟怎么搞?

模块二　知识积累

一、应用文的概念

应用文是人们在生活、学习、工作中,为处理各种事务而使用的,目的明确、表达规范、格式统一、时效性强的一种文体。因为其通俗易懂、实用性强,与人们的日常生活联系非常紧密,也有人将之定义为“应”付生活、“用”于实务的“文”章。应用文的使用非常广泛,大到管理国家,小到工作生活,都离不开应用文写作,它几乎涉及各个领域、各个部门、各个阶层和每个个体。比如:政府机关开展工作,需要公文;企业经营,需要合同、协议;创造发明,需要学术论文;学校工作,需要计划、总结;班级活动要有策划方案;同学们开会会接到通知,入团需要申请书,毕业前要写个人鉴定,毕业后找工作要写求职信、应聘书,制作简历等,即使因病因事要请假,也需要用到请假条。显而易见,相对于其他文体来说,应用文的使用频率要高得多。正如我国著名作家叶圣陶所说:学生不一定要能写小说、诗歌,但是一定要能写工作和生活中实用的文章,而且非写得既通顺又扎实不可。

应用文可以分为哪几类?

应用文包括机关应用文(公务文书,也可简称公文)和私人应用文(事务文书)两大类。

公务文书分为:通用文书和专用文书。通用文书分为法定公文和事务文书;专用文书包括宣传类、财经类、科技类、司法类、礼仪类。

二、应用文的特点

应用文具有以下六大鲜明特点:

1. 实用性:应用文从一开始,其写作目的就是处理和解决问题。与文学作品的作用不同,它就是用来办事的,一旦失去了实用性,就失去了其本身存在的价值。

2. 规范性:各类应用文一般都有惯用格式,便于写作、阅读和处理,有利于提高办事效率。在表达上还带有约定俗成的习惯用语,这是应用文区别于其他文体的显著特点之一。

3. 真实性:应用文内容必须真实,事实确凿可信,统计数据准确无误,不允许丝毫杜撰、虚构和夸张。如果内容失真,就会为办事带来麻烦。

4. 时效性:绝大部分应用文具有时间限制,处理应用文必须及时迅捷,不能贻误时机,否则会耽误办事,降低工作效率,甚至会造成严重损失。

5. 针对性:应用文写作是为了办理某一件事,因此具有强烈的目的性,即内容上有明显的针对性。同时,不同应用文有不同的阅读对象,即受文对象也有明确的指向性。

6. 简明性:应用文提倡开门见山,长话短说,语言要求准确得体,简洁明快,表达上朴实明白,通俗易懂。明朝一位官员就曾因为奏章文字啰唆,被皇帝朱元璋打了五十大板。

三、应用文的作用

1. 宣传教育作用:党和政府经常通过应用文向有关单位和人民群众广泛宣传路线、方针、政策,指导并推动各项工作的开展,以便使各部门按照客观规律办事,从而推动现代化建设。

2. 权威规范作用:在贯彻党的方针、政策,进行有效管理时,制发公文、规章制度等应用文是主要渠道。尤其是应用文中的下行文,大都具有行政领导和行政管理的作用,是管理、指导各部门的有力工具。若是法规性文件,还对集体和个人行为起着规范和准绳作用。

3. 沟通协调作用：古今中外大量的事实证明，无论在国与国之间，国家与国际组织之间，还是在单位之间、部门之间、个人之间，都是通过应用文进行交流、沟通，达到互相了解、理解、信任，实现相互合作、共同发展的目的。应用文既有信息的告知作用，又有信息的交流作用。

4. 依据和凭证作用：一是上级机关在制定方针、政策或做出决定、规划时，很多都是依据下级机关上报的总结、报告、纪要、简报和秘书部门撰写的调查报告等应用文来进行决策的；二是上级机关发布的有关"决定""决议""条例""办法"等应用文，是下级机关开展工作、处理问题的重要依据和凭证。

四、应用文写作的基本要素

1. 内容要素。

(1) 主题。

主题是作者通过文章的具体材料所表达的中心思想或基本观点，是作者的意图、主张或看法在文章中的体现，有以下四方面要求：

①正确。符合党和国家的方针政策，符合有关的法律法规，符合客观实际情况，能够正确反映客观事物的本质规律，对工作起到积极指导的作用，经得起实践的检验。

②鲜明。赞成什么，反对什么，肯定什么，否定什么，都要表述和交代得一清二楚，决不含糊其词，模棱两可。

③集中。应用文的主题要单一、突出，即"一文一事"，要把一个事情说清说透，基本观点集中、突出。

④深刻。要求应用文的主题不能停留在表面事实的罗列上，要从事实中归纳观点，提炼思想，表达主张。

(2) 材料。

材料是构成文章内容，形成、支撑并表达主旨的各种事实与理论。从材料本身的形态来看，事实与理论是材料的两大类型。应用文材料是指写进文章的事实、依据以及相关背景资料。应用文材料的要求：真实性强、时效性强、说服力强。

2. 形式要素。

(1) 结构。

①层次安排方式。

分为总分式、并列式（又称横式结构）、递进式（又称纵式结构）。

②应用文常用的开头方式。

根据式。交代写作根据，增加文章的权威性，常用"根据……""按照……""经……决定""经……通过"等介词组成的介词短语作为文章开端之语，公文中的通知、规章制度、计划、调查报告多用此开头。

引述式。引述对方的来文或来函，作为拟写文章的依据，公文中的复函、批复常用此种方法开头。

提问式。用提问的方式将论述或叙述的问题提出，让读者首先对全文要说明的问题心中有数，并引起对问题的注意和思考，科技论文、调查报告、某些新闻类文章等常用此开头。

结论式。开头先提出结论性的意见,下文再具体解释、说明、阐述。

概述式。将全文主要内容在开头部分简要介绍,便于读者了解文章的基本内容,新闻、总结、调查报告、经济活动分析常用此法。

③应用文常见的结尾方式。

总结式。运用简洁明了的语言,概括全文内容。或得出结论,进一步加深读者印象。

要求式。向受文发出指示,提出要求和希望。

祈请式。请求有关部门的批准、支持和协助。

号召式。发出希望和号召,指明方向,激励读者。

(2)语言。

应用文的语言要求准确、简明、朴实和庄重。

(3)表达方式。

记叙:记叙也叫叙述,主要用来交代事物的基本情况,事件发生、发展与变化的过程,介绍人物的经历和事迹,说明问题的来龙去脉、原因与结果等。

说明:阐述和解说。

议论:对客观事物进行分析,作出评价或判断,表明立场、观点和态度。

五、提高应用文写作水平的方法

1. 由于应用文的规范性特点,在内容上和表达上都需要学习借鉴,掌握基本格式和表达方式,因此同学们应大量阅读应用文范文,积累感性认识。

2. 大多数应用文的政策理论性很强,需要比较高的思想政治水平和逻辑分析能力,办理业务工作的应用文还需要掌握相关专业知识。因此必须要加强综合知识的学习,提升个人素养和知识水平。

3. 应用文写作不是一朝一夕就能完全掌握的,必须坚持多写、多练、多修改。只有在实践中提高,才能写出主题明确、内容真实、表达准确、语言得体、有理有据、格式规范、针对性强、实际有效的应用文。

模块三　能力训练

实战二选一(500 字以上):

1. 给在外打工(在家操劳)的父亲(母亲)写一封信。

2. 写一份上学期的学习情况总结。

项目二　公务文书

任务一　公文概述

模块一　情景导入

中共中央办公厅和国务院办公厅2012年4月16日发布、2012年7月1日起正式实施的《党政机关公文处理工作条例》(以下简称《条例》),国家市场监督管理总局、国家标准化管理委员会2012年6月29日发布、2012年7月1日起正式实施的《党政机关公文格式》(以下简称《格式》),对公文的内容、形式、效用等作出了明确的解说和规定。一个法规性文件和一个国家标准,是各级党政机关必须依循的公文处理准则,企事业单位和人民团体制发正式公文时亦应参照执行。本项目对公文基础知识的介绍,主要以《条例》《格式》为依据。

模块二　知识积累

一、公文的概念

1. 公文的广义和狭义。

公文有广义和狭义之分。广义的公文即公务文书,指的是党政机关、社会团体、企事业单位等社会合法组织在处理公务时形成和使用的各类文书。狭义的公文亦称法定公文,主要指《条例》颁定的15种党政公文。法规、规章方面的公文,外事方面的公文也是法定公文,但因其按《条例》之外的有关规定处理,本书不将其列入“党政公文”里。

《条例》第一章第三条规定:“党政机关公文是党政机关实施领导、履行职能、处理公务的具有特定效力和规范体式的文书,是传达贯彻党和国家方针政策,公布法规和规章,指导、布置和商洽工作,请示和答复问题,报告、通报和交流情况等的重要工具。”

2. 近义概念的辨析。

与公文相关的概念主要有:文书、公务文书、文件。在日常用语中,这几个概念常与公文相互混用,不利于准确理解和正确运用公文,所以应予辨析、区分。

(1)文书。人们有时将它等同于应用文中处理具体事务的“实用文书”,有时又将它视为“公务文书”的同义语。本书不采用这些不严谨的说法,从文章学、写作学的角度来说,文书即应用文,它是社会组织和个人在社会活动中为达到一定目的而形成并使用的具有直接实用价值和特定体式的文本。文书的范围很广,按写作主体和具体功用划分,包括公务文书和私人文书两大类。

(2)公务文书。它指的是社会合法组织在公务活动中形成和使用的应用文,是文书的重要组成部分。公务文书包括公文和其他机关应用文(如法规规章文书、会议文书以及计划、总结、简报、调查报告、启事等事务文书),实际上,它就是广义的公文,亦即公务应用文的概念。简言之,文书、公务文书与公文之间的关系是种属关系,公务文书是文书的一个种类,而公文则是公务文书的一个种类。

(3)文件。文件也有广义和狭义之分,广义的文件实质上就是公务文书的别称。狭义的文件则等同于狭义的公文。

二、公文的特点

关于公文的特点,公文学界尚无统一的说法,但纵观各家之言,虽角度各异、概括度不一、措辞纷纭,实则并无根本冲突,本书综合各家之说,并力求简要,将其概括为四大特点。

1.法定性。

公文的法定性主要体现为以下四个方面:

一是公文作者的法定性。公文的作者必须是依照法律和有关规定及一定的组织程序成立并具有法定职权的社会合法组织——党政机关、企事业单位、社会团体。非社会合法组织或个人无权制发公文。公文作者的法定性受到国家法律的保护,《中华人民共和国刑法》第二百八十条规定:伪造、变造、买卖或者盗窃、抢夺、毁灭国家机关的公文、证件、印章的,处三年以下有期徒刑、拘役、管制或者剥夺政治权利,并处罚金;情节严重的,处三年以上十年以下有期徒刑,并处罚金。

二是公文内容的合法性。任何机制发公文都必须符合国家法律和党的路线方针政策,并同现行的有关公文相衔接。

三是公文效用的法定性。社会合法组织均拥有法定的职能和权限范围,在此职权范围内制发的公文,其效用具有同该组织职权相一致的法定性。这种法定性具体体现为权威性,即公文在法定的时间、空间范围对于受文对象具有强制力和约束力——强制阅读、强制办理或强制答复等执行效力。受文对象如果不接受其强制和约束,就可能是失职、渎职甚至违纪、违法,将受到一定的处治。这种法定性同时也规定了公文不能越权制发,越权行文是无效行文,甚至是违纪或非法行文。

四是公文制发程序的法定性。公文的制发与行文必须履行法定程序才能生效,比如:依据《条例》等法规性文件的规定,一般公文须经审核、签发、用印等程序;联合行文须履行会签手续;法规性公文(如条例、规定)和重要的指挥、指导性公文(如决议、决定),均应按法定程序经有关会议通过或有关组织批准。

2. 工具性。

凡是应用文都具有工具性，因为它们都是应实践活动的需要而产生的，对实践活动的进行发挥实际效用的文本，这种“应实而生，生而实用”的属性，正是应用文的工具性和实用性的特点。公文是应用文的一种，因此也具有此特点。需要注意的是，不宜泛义地理解公文的工具性，公文是“进行公务活动的工具”，是应公务活动的需要和进行而产生并发挥实际效用的应用文，其用途仅限于公务活动，因此，公文的工具性是一种特殊的公务工具性。

3. 规范性。

规范性既是公文的内容特点，也是其形式特点。

从内容方面看，公文的内容必须符合党和国家的法律、法规、方针、政策及有关规定。

从形式方面看，公文的格式、行文程序等均须遵循《条例》和《格式》的统一规定和要求，不能轻易更改和突破。一般文章在形式（体裁、格式等）上也有一定之规，但与公文相比，却是比较灵活、多样的，而公文形式的规范性要求则达到了模式化的程度——《条例》规定党政公文文种为 15 种。各种社会组织行文，原则上不能超出这些文种而自制新的文种。《条例》和《格式》还规定了公文的格式，《条例》列出了 18 项格式，《格式》则据此细化为 23 项格式要素，并分别规定了它们在文面的范围和大小。公文写作采用规范的形式，旨在维护公文的严肃性，保证公文的准确、完整、统一，从而行之有序、行之有效。

4. 时效性。

公文活动是处于一定时段或时期内的事件过程，因而处理实际工作的公文的效用必受到一定的时间限制，具有突出的时效性。也就是说，公文的效用受公文的生效时间、执行时间的制约。具体而言，公文的时效性主要体现在三个方面：一是时代性，公文的作者和公文的制作应紧密联系社会现实和形势发展，顺应时代变化，契合时代要求；二是及时性，公文要写得及时，发得及时，办得及时，拖延则会难以发挥其应有作用甚而贻误工作；三是时限性，即公文作用时间的有限性，公文只在一定的时间内具有直接效用，在此之前或之后都没有直接效用。如国务院 2000 年 8 月 24 日发布的《国家行政机关公文处理办法》（以下简称《办法》），其生效实施时间是 2001 年 1 月 1 日，在这个实施时间之前，该《办法》没有直接效用；而《条例》从 2012 年 7 月 1 日生效实施之后，该《办法》废止，完全失去效力。

三、公文的作用

概括而言，公文的作用就是处理公务，主要有以下几个方面的作用。

1. 指挥和指导作用。

指挥和指导作用是下行公文的基本作用，这一作用主要体现为：传达和发布党和政府的路线、方针、政策；上级组织的指示、部署；本级组织的决策、安排，从而实现发文者对所管辖系统的控制和管理。

指挥作用和指导作用是有区别的，在此不作细分，仅述其一般情况：上级机关、组织对下级机关、组织所发公文起指挥作用，上级机关、组织各部门向下级机关、组织的相关业务部门所发公文起指导作用。

2. 规范行为作用。

这是规范性公文的基本作用，如条例、规定以及诸多法律、法规，都是用于规范社会组织的工作、活动以及相关人员的行为的公文，一经制定和颁行，就对所涉对象的活动、言行具有强制性的约束和规范作用。

另外，指挥、指导性公文（如命令、指示、决定、通告、通知等）往往也会对有关社会组织和人员提出应遵循的准则，对其某方面的工作、活动、行为起着准绳和规范作用，如中共中央办公厅和国务院办公厅联合制发的《关于严禁党政机关到风景名胜区开会的通知》就对党政机关的会议活动作出了地点上的限制性规范。

3. 联系协调作用。

公文的联系协调作用就是上情下达、下情上报、左右（平级及不相隶属的组织之间）沟通，即上级用下行文对下级的工作进行指挥指导、布置安排；下级用上行文向上级汇报工作、反映情况、请示问题；平级及不相隶属的组织之间用平行文商洽工作、交流经验、沟通信息。公文的这一作用，能使有关社会组织明确上级要求、了解下级情况、协调横向关系，从而正确地行使职权，推动社会各项工作的开展。

4. 宣传教育作用。

宣传教育是下行公文的一大作用，该作用是由其指挥、指导作用和规范行为作用派生出来的——所传达的方针、政策，所制定的准绳、规范，既是安排部署和要求，也具有统一思想、振奋精神、提高认识的宣传教育作用。而用于表彰先进、批评错误、处理违规的公文，更是以宣传教育为其基本作用，如表彰性通报、批评性通报、处理决定、嘉奖令等。

上行文和平行文有时也兼具一定的宣传作用。

5. 凭据记载作用。

每一份公文都是有关公务活动的执行依凭和真实记录，在其执行期、有效期内是办理公务、联系公务的依据和凭证；时过境迁丧失执行效用后，它所记录的内容还可以起到查核、见证、参考的凭据证明作用和历史文献作用。

四、公文的分类

按不同的标准可对公文进行不同的分类。这里仅介绍几种对公文写作具有操作意义的分类。

1. 按使用范围分。

（1）通用公文。

即《条例》所颁定的15种公文，它们是党政机关及其他社会合法组织处理一般公务时使用的公文。但其中个别公文并不能在所有机关和社会组织中通用，如议案就只能“适用于各级人民政府按照法律程序向同级人民代表大会或者人民代表大会常务委员会提请审议事项”。

（2）专用公文。

某些专门机关、专业部门或行业根据有关规定，因其专门、专业工作的特殊需要而使用的、具有其专业或行业特定内容和规定格式的公文，如外交公文、军事文书、司法文书等。

2. 按发文机关所属组织系统分。

(1)党的机关公文。

即由党的机关发布的公文,《条例》规定的公文文种除议案外,党的机关均可使用,共14种。

(2)行政机关公文。

即由行政机关发布的公文,《条例》规定的所有公文文种,行政机关均可使用,共15种。

3. 按行文方向分。

(1)上行文。

上行文是下级组织向上级组织报送的公文,其典型文种是报告、请示。意见有时也可上行。

(2)下行文。

下行文是上级组织向下级组织发送的公文,主要有命令(令)、决定、决议、通知、批复等。纪要、通告、公告亦多为下行文,意见、函有时也可下行。

(3)平行文。

平行文是向平级或不相隶属的组织传递的公文,主要有函和议案(议案在行文性质与程序上,又具有上行特征)。意见、通知、会议纪要有时也可平行。

此外,与平行性质相近的还有所谓"泛行",即受文者并非下级或不限于下级,而是对广大范围(国内外)或一定范围的所有组织和人员的行文。泛行文也就是普发性行文,如公告、通告、公报等,就具有明显的"泛行"性质。

4. 按涉密程度分。

按保密级别可分为普通公文、秘密公文、机密公文、绝密公文。按阅读范围又可分为对外公开件、限国内公开件、内部使用件(含限知)。

5. 按处理时限分。

可分为平件、急件两大类,急件又可细分为"加急""特急"两种。如以电报方式传送,则分为平急件、加急件、特急件、特提件四类。

此外,还可根据公文的来源,分为收文、发文两类;根据处理方式,分为阅件、办件两类;而按公文的性质和作用分类,则可分为指导性公文、规范性公文、报请性公文、知照性公文、商洽性公文、会议公文。

任务二　通知

模块一　情景导入

你作为我校"诗梦文学社"的社长,要给全体社员发布一则通知,要求全体社员于今天中午12点在图书馆门前集合,商量协助校图书馆举办"读书月"活动的事宜,请问你如何撰写这则通知?

模块二　知识积累

一、通知的概念

通知是上级对下级、组织对成员在公务活动中要求知晓、办理、执行或服从的一种事务性应用文。《国家行政机关公文处理办法》规定,“通知适用于批转下级机关的公文,转发上级机关和不相隶属机关的公文,传达要求下级机关办理和需要有关单位周知或者执行的事项,任免人员”。

二、通知的种类和特点

常见的通知种类有颁转性通知、事务性通知、指示性通知、任免性通知四类。

通知具有如下特点:使用的广泛性、功用的指导性、明显的时效性等。

三、通知的结构和写法

通知由标题、主送机关、正文、结尾、落款组成。

1. 标题。

写在第一行正中。完整的标题由“发文机关、事由和文种名”三要素构成。如《××教育局关于做好中小学生寒假期间有关工作的通知》。

省略发文机关:公文专用纸的稿头已包含发文机关时,标题中可省略;机关内部通知,在落款处已注明发文机关的,标题中可省略。

以文种名“通知”为标题,仅适用于小范围发布、不编文号的通知。

2. 主送机关。

在第二行顶格写被通知者的姓名或单位名称,加冒号。主送单位可以是一个,也可以是几个,还可以是某类单位的统称。

3. 正文。

另起一行,空两格写正文,正文因内容而异。

(1)颁转性通知。

适用于发布本机关文件,其正文一般很简短。开头交代发布或转发的意义和目的;主体说明通知事项;结尾提出执行要求。隔一行空两格注明“附件”二字,后面加冒号,写上所发文件的标题名称,如果件数较多,应标上序号。所颁转的文件附在通知之后。

(2)事务性通知。

适用于传达要求下级机关办理和需要有关单位周知或者执行的事项,包括工作通知和会议通知。

工作通知:正文由发文缘由、具体任务、执行要求等组成。把要求受文单位或个人按什么要求、办什么事、什么时间完成等要素交代得明明白白,以便顺利办理。

会议通知:正文内容一般包括召开会议的机关、会议名称、会议起止时间、地点、会议内容和任务、参加会议的人员范围和人数、入场凭证、报到时间及地点、与会人员须携带的文件材料、其他要求事项等内容。

(3)指示性通知。

适用于要求下级机关执行的事项,如《国务院关于严格控制农业生产资料价格的通知》,这类通知的政策性和指导性很强,要求下级单位认真贯彻执行。正文包括两个部分:一是开头部分,写明通知的缘由,可以写当前存在的问题,发通知的意义,也可以写发通知的依据和任务,然后用"特作如下通知"或"特通知如下"转入通知内容;二是内容部分,大都采用分条列项法,具体地提出要求、措施、办法。

(4)任免性通知。

一般写清决定任免的时间、机关、会议或依据文件,以及任免人员的具体职务,如《国务院关于×××等3人职务任免的通知》。

4. 结尾。

一般用"特此通知""请参照通知执行"作结尾。有的事项性通知(一般会议)不用单独写结束语。

5. 落款。

在正文的右下方署上发文机关和发文时间。发文机关要写全称或规范性简称。若联合行文,主办单位排列在前。通知必须加盖公章,加盖公章要"骑年盖月",上不压正文。

四、通知写作的注意事项

1. 通知必须以机关、单位或团体名义行文。

2. 平行机关或不相隶属的机关之间用通知行文,通常只限于知照某些事项,而不能用于指示或要求执行某些事项。

3. 通知的主送机关可以是一个或多个,收文机关的名称一定要写清写全,避免送达不全,贻误工作。

4. 通知内容较多时,可采用条款式行文。

5. 考虑到时效性,通知办理一定要迅速及时,必要时可用《紧急通知》《重要通知》。

模块三　范例呈现

范例一

会议通知

各分公司:

为贯彻市政府安全工作会议精神,研究落实我公司安全生产事宜,总公司决定召开2021年下半年安全生产工作会议。现将有关事项通知如下:

1. 参加会议人员:各分公司经理、各车队队长。

2. 会议日期:12月20日,会期1天。

3. 报到时间:12月19日至20日上午8:00前。

4. 报到地点:总公司招待所238号房间。

联系人:林××

联系电话:136××××7423

5. 各单位报送的经验材料，请于 12 月 16 日前报送至公司技术安全科。

特此通知。

××有限总公司

2021 年 12 月 5 日

范例二

通　知

公司全体员工：

根据国务院办公厅发布的端午节放假通知精神，结合××公司实际情况，经研究决定，××××年端午节放假安排如下：

1. 放假时间：××××年 6 月 3 日（星期五）至 6 月 5 日（星期日），共 3 天。

2. 各部门务必做好放假前的安全自查工作，放假离开要关闭电源，锁好门窗，确保安全。

3. 外出回家探亲旅游的员工，在旅途中要注意个人人身安全，祝大家过一个安全、愉快的节日。

××公司行政人事部

××××年 6 月 2 日

范例三

通　知

各部门、各子公司：

为了全面提升公司员工的职业素养、岗位技能及综合能力，加强团队建设和企业文化建设，经公司研究决定，由人事部门组织，全公司各部门通力配合，特举办此次培训活动。现将培训相关事宜通知如下：

一、培训课题：《××××××××××》。

二、培训时间：2020 年 4 月 3 日上午 9：00 至 5 日下午 5：00。

三、培训地点：澜山酒店五楼 503 室。

四、培训人员：公司全体员工。

五、培训纪律：

1. 所有参加培训的人员必须按时参加，不允许迟到、早退、请假。有特殊原因者需提前向部门领导请示。

2. 所有参加培训的人员须提前到会场进行签到。

3. 培训期间手机设为静音或关机，培训中途禁止接打电话。

4. 培训时注意力要集中，认真做好笔记，讨论交流时积极发言。

5. 保持培训场所干净整洁。

六、培训考核：

1. 负责培训组织的人员做好培训记录。

2. 所有参训人员培训后三个工作日内交个人心得总结，同时进行相关考核，交培训效果评估表。

××公司办公室
2020 年 3 月 26 日

范例四

停水通知

尊敬的各位业主/住户：

因本小区的自来水主管道阀门损坏需停水维修,本公司将于×月×日 14：00—17：30 对自来水的主管道阀门进行抢修更换。届时本小区 1 号楼、3 号楼和 4 号楼的生活用水将受到影响,请各位住户做好储水准备。

此次自来水主管道阀门更换抢修工作给您生活带来的不便,敬请谅解！感谢您对我们物业服务工作的理解和支持。

特此通知！敬请各位业主相互转告！

××物业有限公司
××××年××月××日

模块四　能力训练

某技工学校将于 4 月 30 日举行一场拔河比赛,请你按照一般性通知的相关要求,拟一则通知。

任务三　通报

模块一　情景导入

同学们,通报等于批评吗？在某公司的日常运营和发展中,涌现出了一批优秀的员工,他们以高度的责任感和敬业精神,为公司的发展做出了积极的贡献。为了表彰先进、树立榜样,公司决定对优秀员工进行通报表扬。可见,通报适用于表彰先进、批评错误、传达重要精神或情况。

模块二　知识积累

一、通报的概念

通报是国家机关、社会团体、企事业单位用以表彰先进、批评错误,传达重要精神或情况的一种下行公文。

二、通报的分类和特点

通报的分类:根据内容的不同,通报分为表彰性通报、批评性通报和情况通报三种。

通报的特点:教育性、引导性、时效性。

三、通报的结构和写法

1. 标题。

通报的标题由发文机关名称、事由和文种三部分组成，或以文种名“通报”为题。

2. 正文。

一般由三部分组成：导语，写通报的目的或缘由；通报主体，即通报的具体内容；结尾，即根据通报内容提出要求或希望。

表彰性通报：开头部分概述事件情况，说明通报缘由，把表彰对象的先进事迹交代清楚，叙述要注意详略得当、重点突出。主体部分对事迹及其性质和意义进行分析，写明通报决定。结尾部分明确提出希望和要求，号召大家学习先进。

批评性通报：一种是对个人的通报批评，先写出事实，在分析评论的基础上说明通报决定，最后提出希望和要求，让大家吸取教训，引以为戒。另一种是对机关或集体的批评通报，通过对恶性事故的性质、后果，特别是酿成事故的原因的分析，总结教训，从而达到指导工作的目的。其正文主要包括叙写事实、分析原因、提出要求和改进措施等内容。

情况通报：主要起着沟通情况的作用，旨在使下级单位和群众了解面上的情况，以便统一认识，统一步调，推动全局工作的开展。正文一般按照先事实后道理的思路，通报有关情况，分析并作出结论，提出希望和要求。

四、通报写作的注意事项

1. 内容事实清楚。无论哪种通报，都要涉及人和事，把事实交代清楚是写好通报的关键。

2. 对情况分析入理。因为有表扬或批评，有一定的教育性，有定性的结论，因此写通报要着眼全局，做到态度鲜明，评价实事求是，结论公正准确，用语有分寸。否则，通报不但会缺乏说服力，而且还有可能产生负作用。

3. 通报处理措施得当。多数通报中有处理措施，如表彰通报中的表扬决定，批评通报中的处理决定，事故通报中的防范措施等，这些措施有的带有指导性，有的是惩恶扬善，必须处理得当。

模块三　范例呈现

范例一

国务院办公厅

关于×省×市×县擅自停课组织中小学生参加迎送活动的通报

××××年××月××日，×省×市×县举行了×高速公路在本县的通车仪式，×县主要领导擅自决定，让本县部分中小学校停课参加通车仪式。近千名中小学生在风雪天等候长达两小时，致使部分中小学生生病，学生家长和群众极为愤慨，致信中央要求坚决制止此类现象。

中小学校依照国家规定建立有严格的教育教学秩序，这是教育教学质量的保证，任何单位和个人都不能随意破坏。现在一些地方的个别领导利用自己的权力，动辄调用中小学生为各种会议、考察、参观、访问甚至商业性典礼搞迎送或礼仪活动，有些地方还因此发生了严重的安全事故，造成极恶劣的社会影响。

×县发生的问题，已不只是一般的形式主义，而是官僚主义，严重脱离群众，此类不良风气必须坚决予以制止。各地区、各部门以及各级领导干部，要高度重视这一问题并从中吸取深刻的教训，切实增强群众观念，杜绝此类事件再度发生。

中小学生是祖国的未来，他们的学习和活动安排，要有利他们的学习和身心健康。今后各地区、各部门都必须严格执行国家的有关法律法规，不得擅自停课或随意组织中小学生参加各种迎送或礼仪活动，如确有必要组织的，须报经省级教育行政部门批准。

国务院办公厅（盖章）

××××年××月××日

范例二

关于表彰王××同志的通报

全县各级党组织：

共产党员王××同志是我县工商管理局一名青年检查员。20××年××月××日清晨，王××在对一辆长途客车进行例行检查时，查获走私犯罪分子张××走私黄金×××克。在押送途中，张××先以人民币×千元妄图贿赂王××同志，被王××同志严词拒绝后，凶相毕露拔刀行凶，刺伤王××同志脸部、胸部。王××同志身负重伤，但临危不惧，与张犯英勇地搏斗，在群众协助下，终于将张犯扭获。

王××同志今年 26 岁，参加工作 4 年来，机智地战斗在缉私岗位上，先后破获各种走私案件 10 余起，连续 4 年被评为县先进工作者。鉴于王××同志一贯表现突出，在关键时刻又经受住了严峻考验，特予以通报表扬。

希望各级党组织发动党团员和广大青年，学习王××同志为维护党和人民的利益，不畏强暴，坚决同违法犯罪分子作斗争的英勇事迹，学习他热爱本职工作，出色地完成党交给的艰巨任务的崇高品质，在党和政府的领导下，为我县的各项事业作出更大的贡献。

中共××县委员会（盖章）

20××年××月××日

模块四　能力训练

请根据以下材料写一份通报。

重庆市某区纺织品仓库 108 库房管理员李某，于 2021 年 12 月 7 日晚上值班时，违反仓库规定，私自点火烧煮食品，21 时又外出采购食物。1 小时后，当他急匆匆回到仓库时，只见 108 库房已吞没于滚滚浓烟中。他顿时惊慌失措，呆立一旁。总值班等人赶到，立即拨打火警电话呼救。在消防人员的扑救下，火势得到了控制，但库房及物资全部化为灰烬，给国家造成了 10 万元的经济损失。为此，公安机关已将李某拘留审查。

任务四　公告、通告

模块一　情境导入

冬季来临,某物管公司文秘小丁接到上级通知,要发一个信息,内容是:随着冬季的到来,天气逐渐变得干燥,这是火灾的高发期。为了确保业主家人的安全,嘱咐大家注意防火。于是小丁大笔一挥,写下:

公　告

尊敬的业主:

随着冬季的到来,天气逐渐变得干燥,这是火灾的高发期。为了确保您和您家人的安全,特此提醒您注意以下事项:

安全使用家用电器:请务必注意用电安全,不要违章用电,特别注意不要私接电源电线,避免增加用电负荷。请定期检查户内配电箱元器件的使用状况,如发现异常,请及时联系专业人员进行检修。

保持消防通道畅通:请不要将纸箱、废品等杂物堆放在消防通道,以免妨碍消防通道的正常使用。防火门必须保持常开状态,不得进行封闭。

……

希望以上事项能引起您的重视,让我们共同维护一个安全的生活环境。如有任何疑问或需要帮助,请随时联系我们的工作人员。

敬请遵守!

××物业部

××××年××月××日

模块二　知识积累

一、公告、通告的概念

公告是向国内外宣布重要事项或者法定事项时使用的公文。如公布国家领导人的出国访问,国家领导人的选举结果,人造卫星的发射等。

通告是在一定范围内公布应当遵守或周知事项的知照性公文。通告的使用面比较广泛,一般机关、企事业单位甚至临时性机构都可使用,但强制性的通告必须依法发布,其限定范围不能超过发文机关的权限。

二、公告、通告的特点

1. 公告的特点。

(1)发文权力的限制性。由于公告宣布的是重大事项和法定事项,发文的权力被限制在高层行政机关及其职能部门的范围之内。

(2)发布范围的广泛性。公告是向“国内外”发布重要事项和法定事项的公文,其信息传达范围有时是全国,有时是全世界。

(3)题材的重大性。公告的题材,必须是能在国际国内产生一定影响的重要事项,或者依法必须向社会公布的法定事项。

(4)内容和传播方式的新闻性。公告还有一定的新闻性特点,所谓新闻,就是对新近发生的、群众关心的、应知而未知的事实的报道。

2. 通告的特点。

通告是知照性下行文,主要特点是知照性、专业性、约束力,因其内容多涉及具体的业务活动或工作,通告在内容上还具有专业性的特点。

三、公告和通告的结构和写法

(一)公告的写法

地方各级政府和企事业单位是不能使用公告这一文种的。因此,对于公告的写法这里只做简要的介绍。

首先,公告的标题通常是发文机关加文种,有的只写“公告”两字,落款写发文机关的名称,加盖公章;其次,公告的正文由公告的事由和公告事项两部分组成。一般情况下,不写结束语,全文要直陈意向,文字凝练,不加议论。

(二)通告的写法

1. 标题。

通告的标题有三种形式:①发文机关+事由+文种,如《××学校关于表彰××等 10 人的通告》;②事由+文种,如《关于节约用水的通告》;③只标明文种名称,落款写发文机关全称,加盖公章。

2. 正文。

通告正文的语气一般比较平缓,语句平实,有时需要带上恳切要求协助或办理的语态。在结构上,通常可以分为三部分:

(1)开头。说明发布通告的原因和目的。这部分提出的依据要充分,目的要明确,为下文提出“应该遵守和执行的事项”奠定基础。

(2)主体。写通告的具体事项。如果通告事项涉及的要求、措施较多,应该分项予以说明。分项说明宜采取递减法,由主及次,由大到小,以便读者或听众能够迅速、正确地领会文件的精神实质。通告的具体事项是要面向公众,要求公众周知和执行的。因此,要力戒表述上的主次不分或忽轻忽重,否则就会使人产生繁杂无序的感觉,不利于读者或听众迅速地、准确地理解文件的精神实质。

(3)结尾。写执行的具体要求(包括时间、程度、范围等)。

3. 结语。

用“特此通告”或“本通告自发布之日起实施”表达。

4. 落款。

发布机关的名称和年、月、日。

四、公告、通告写作的注意事项

通告与公告的区别：

《国家行政公文处理办法》明确规定，“公告”适用于向国内外宣布重要事项或者法定事项，“通告”适用于在一定范围内公布应当遵守或者周知的事项。

第一，内容属性不同。公告用于“向国内外宣布重要事项或者法定事项”，兼有消息性和知照性的特点；与公告相比，通告的内容是“在一定范围内应当遵守或周知的事项”，具有鲜明的执行性、知照性。

第二，告启范围不同。公告面向国内外的广大读者、听众，告启面广；通告的告启面则相对较窄，只是面向“一定范围内的”有关单位和人员。

第三，使用权限不同。公告通常是党和国家高级领导机关宣布某些重大事项时才用，新华社、司法机关以及其他一些政府部门也可以根据授权使用公告；而通告则适用于各级行政机关和企事业单位。

目前，公告和通告这两个文种在实际运用中存在着比较严重的混用现象。在报纸杂志中，在公共场所的招贴栏上，常常可以看到某某企业开业的《鸣谢公告》、宣传产品的《质量公告》等。无论从哪个角度来看，这些做法都是不规范、不妥当的。“鱼目混珠”的后果，使得这两种具有法定效力的文件失去了其对公众应有的权威性和约束力。这种现象应该引起各级政府和企事业单位的注意。

模块三　范例呈现

范例一

教育部　国家发展改革委　市场监管总局
关于规范非学科类校外培训的公告

为规范非学科类校外培训行为，有效防范培训质量不高、价格肆意上涨、存在安全隐患等问题，保护学生及家长合法权益，规范非学科类校外培训行业发展，现就有关事宜公告如下：

一、非学科类校外培训应全面贯彻党的教育方针，坚持立德树人，保持公益属性，遵循教育规律，促进中小学生健康成长、全面发展。

二、非学科类校外培训机构应当具备相应的资质条件，从业人员应当具备相应的职业（专业）能力证明。

三、非学科类校外培训机构应当努力提升培训质量，确保培训内容、培训方式与培训对象的年龄状况、身心特点、认知水平相适应。非学科类校外培训机构应当建立培训材料编写研发、审核、选用使用及人员资质审查等内部管理制度，明确责任部门、责任人、工作职责、标准、流程以及责任追究办法。

……

十一、本公告由教育部、国家发展改革委、市场监管总局依职责解释。

教育部　国家发展改革委　市场监管总局

2022年3月3日

范例二

国家药监局关于发布《化妆品不良反应监测管理办法》的公告

为规范化妆品不良反应监测工作,根据《化妆品监督管理条例》《化妆品生产经营监督管理办法》等法规、规章,国家药监局组织制定了《化妆品不良反应监测管理办法》,现予公布,自2022年10月1日起施行。

特此公告。

附件:化妆品不良反应监测管理办法

国家药监局
2022年2月15日

范例三

××××学校
关于给予何×等学生纪律处分的通告

全校师生:

为了加强对学生的行为规范教育,严明纪律,特对以下违纪学生作出纪律处分。

何×,××班学生,该生一贯自由散漫,无视纪律,爱打架斗殴。今年6月7日下午第二节课后,何×与同学肖×为小事发生口角,何×遂动手打人,将肖×打得鼻青脸肿,致使肖×因伤旷课两天。为严肃纪律,根据学校《关于学生纪律的若干补充规定》第二条,给予何×严重警告处分。

张×,××班学生,该生组织观念淡薄,不爱学习,经常无故迟到旷课。本学期以来,共迟到21次,旷课7天。此外,该生上课不认真听讲,很少完成作业。为严肃纪律,根据学校《关于学生纪律的若干补充规定》第一条,给予张×严重警告处分。

希望以上学生能吸取教训,认真改过自新,以实际行动争取早日撤销处分。也望全体同学引以为戒,遵守校纪校规,遵守学生自律准则,做一个新时期的合格学生。

××××学校教导处
2020年6月15日

模块四　能力训练

1. 判断以下标题的正误。

(1)新华社受权公告(　　)。

(2)花园小区选举委员会公告(　　)。

(3)南方股票上市公告(　　)。

(4)中华人民共和国财政部通告(　　)。

2. 拟写标题。

(1)远大制造有限公司认为必须尽快告诉员工要节约用水。

(2)信阳市公安局准备为近期查禁赌博一事发文。

3. 根据下述材料,拟写一份通告。

某高校连日来发生了多起治安事件,小商小贩随意进入校园,社会闲散人员任意喝酒滋事,甚至学校保卫人员都被其打伤。另外,学校的部分区域被学校周边的某些人占为己有,耕种蔬菜,严重破坏了校园环境,干扰了正常的教学秩序。为此,某市公安局和教育局联合发出通告,要求全面彻底地对某市的各高校校园环境进行整治。

任务五　报告

模块一　情景导入

又到年终了,办公室张主任吩咐秘书小丁写一份本年度单位的工作总结,并向上级汇报。小丁花了两天时间一气呵成,顺利完成了书面总结,可采取什么方式向上级汇报呢? 小丁犯难了。张主任一催再催,小丁却束手无策,一拖再拖。

模块二　知识积累

一、报告的概念

报告是向上级机关汇报工作、反映情况,答复上级机关的询问时使用的公文。报告是党政机关、企事业单位和社会团体经常使用的重要的上行文。

二、报告的适用范围

陈述性的上行文,主送机关一般是有直接隶属关系的上级机关,或直接主管的职能指导机关,主要用于汇报工作、反映情况、回复询问。

三、报告的特点

1. 行文的单向性。

报告是以下情上达为使命的单方向上行文,不需要上级机关给予批复。

2. 内容的一旨性。

报告内容应一文一旨,即便是综合报告,涉及多个问题,也是围绕一个主题、中心展开。如历年的政府工作报告,都围绕当年的政府主要工作展开。

3. 表达的陈述性。

在汇报工作、反映情况时表达的内容和使用的语言都是陈述性的。少议论,无祈使句。作为行政公文的报告,与从事业务工作时所使用的、标题中也带有"报告"二字的文书,如"审计报告""评估报告""立案报告""调查报告"等,不是相同的概念。但是,行政公文的报告和作为事务文书的报告,写法上是大同小异的。

四、报告的种类

(1)工作报告:汇报工作进程、反映工作问题、总结工作经验教训、提出未来的工作打算。

(2)情况报告:反映工作中出现的重大情况、特殊情况,以及接办事项的处理情况。

(3)建议报告:职能部门就开展、改进或加强某项工作,或对某些问题、现象,向上级提出意见或建议。

(4)答复报告:答复上级机关的询问。

(5)报送报告:向上级机关说明报送有关文件、材料或物品的情况。

五、报告的结构和写法

报告由“标题、主送机关、正文、落款”四个部分组成。

1. 标题。有两种写法:发文机关+事由+文种,如《××局关于抗灾救灾工作情况的报告》;事由+文种,如《政府工作报告》。

2. 主送机关。即发文单位的直属上级领导机关。

3. 正文。开头、主体、结尾三部分。

(1)开头。一般先总述开展工作的背景、成绩或问题作为发文依据,然后常用“现将有关情况报告如下”作为过渡语,引起下文。这部分要落笔入题,上承报告标题中的事由,下启正文主体内容。

(2)主体。写报告内容,是行文的重点。如果内容复杂,可采用条款式;如果是汇报工作,应写明工作进展的情况、成绩、经验和问题、教训。可按工作的先后顺序写,也可按内容的性质安排层次。如果是反映情况,应写明事情的起因、过程和结果;如果是侧重总结经验,就要对成绩和存在的问题进行必要的分析,总结出规律性的东西,要重点突出,详略得当。

(3)结尾。常用“特此报告”“专此报告”等惯用语收束全文。

4. 落款。包含发文机关或单位的印章及成文日期两个要素。

六、报告写作的注意事项

1. 要注意明确写作目的:一是根据目的确定报告的具体种类;二是根据目的选择典型材料和重点内容。

2. 报告的材料应确实、可靠。

3. 报告的篇幅不宜过长。

4. 报告中不得夹带请示事项。

模块三　范例呈现

关于淮河流域水污染防治工作情况的报告

×××××:

按照《淮河流域水污染防治2000年规划目标完成情况核查办法》,环保总局会同8个部委组成核查组,于2000年2、3月对淮河流域水污染防治工作进行了全面核查。现将有关工作报告如下:

一、淮河流域水污染防治工作的完成情况(略)

二、存在的主要问题

1. 工业企业按达标的要求排放尚不稳定。(略)

2. 城市生活污水处理工程建设慢,处理率低。(略)

3. 水源污染防治工作尚未全面开展。(略)

4. 淮河流域自净能力差。(略)

三、下一步工作安排

1. 尽快制定《淮河流域水污染防治"十五"计划》。

2. 进一步落实沿淮四省各级政府环保日标责任制。(略)

3. 继续加大产业结构调整力度,提高企业污染防治水平。

环保总局(公章)

2001 年 6 月 15 日

模块四　能力训练

根据下面提供的材料,请以××市商业局的名义向××省商务厅起草一份报告。

1. 2020 年 2 月 20 日上午 9 点 20 分,××市××百货大楼发生重大火灾事故。

2. 事故后果:未造成人员伤亡,但烧毁一幢三层楼房及大部分商品,直接经济损失 792 万元。

3. 施救情况:事故发生后,市消防队出动 15 辆消防车,经 4 个小时扑救,火灾才被扑灭。

4. 事故原因:直接原因是电焊工刘某某违章作业,在一楼铁窗架进行电焊时,火花溅到易燃货品上引起火灾,也与××百货公司管理层及员工安全思想模糊,公司安全制度落实不到位,许多安全隐患长期得不到解决有关。

5. 善后处理:市商务局副局长带领有关人员赶到现场调查处理;市人民政府召开紧急防火电话会议;市委、市政府对有关人员视情节轻重,做了相应处理。

任务六　请示

模块一　情景导入

某博物馆因扩建后拟增设关于"人民生活条件发展变迁史"的展出项目,需要向社会征集一批文物,除社会捐赠外,预计还将花费 500 万元。但仅靠博物馆自身无法筹集到如此巨大的经费,于是决定向所在城市的政府请求,希望在资金上给予帮助和支持。这时,就必须使用一种应用文(公文)——请示,来解决资金不足的问题。

模块二　知识积累

一、请示的概念

请示是适用于向上级请求指示、批准的公文,属于上行文。凡是本机关无权、无力决定和解决的事项可以向上级请示,请示是应用文写作实践中的一种常用文体。

二、请示的结构和写法

请示一般由标题、主送机关、正文、落款、附注五部分组成。

1. 标题。

请示的标题一般有两种构成形式：一种是由发文机关名称+事由+文种构成，如《××县人民政府关于××××××的请示》；另一种是由事由+文种构成，如《关于开展春节拥军优属工作的请示》。

2. 主送机关。

请示的主送机关是指负责受理和答复该文件的直属上级机关。每件请示只能写一个主送机关，不能多头请示。

3. 正文。

正文结构一般由开头、主体和结语三部分组成。

(1)开头。主要交代请示的缘由，它是请示事项能否成立的前提条件，也是上级机关批复的根据。原因讲得客观、具体，理由讲得合理、充分，上级机关才好及时决断，予以有针对性的批复。

(2)主体。主要说明请求事项，它是向上级机关提出的具体请求，也是陈述缘由的目的所在。这部分内容要单一，只宜请求一件事。另外请示事项要写得具体、明确、条项清楚，以便上级机关给予明确批复。

(3)结语。应另起一段，习惯用语一般有“当否，请批示”“妥否，请批复”“以上请示，请予审批”或“以上请示如无不妥，请批转各地区、各部门研究执行”等。

4. 落款。

一般包括署名和成文时间两个内容。标题写明发文机关的，这里可不再署名，但需加盖单位公章。

5. 附注。

使用“请示”这一文种时，应出具附注。写法是在成文时间下一行居左空两字，加圆括号注明发文机关联系人的姓名和电话号码。

三、请示写作的注意事项

1. 一文一事。为了便于领导批复，请示行文必须一文一事，每则请示只能要求上级批复一个事项，解决一个问题。

2. 请批对应。一请示，一批复，没有请示就没有批复。请示所涉及的问题，一般较紧迫，没有批复，下级机关就无法工作。因此，下级机关就有关问题向上级机关请示，上级机关应及时批复。

3. 事前行文。请示应在问题发生或处理前行文，不可先斩后奏。

4. 请示与报告的区别：

(1)行文内容不同。请示是向上级机关请求指示和批准；报告是向上级机关汇报工作，反映情况，答复上级机关的询问。

(2)行文目的不同。请示为解决某一具体事项，请求上级指示或批准，要求上级答复;报告是向上级汇报工作,为上级决策提供依据,不要求上级答复。

(3)行文时间不同。请示必须事前行文;报告事后行文或工作过程中行文。

(4)主送机关数量可以不同。请示只有一个主送机关;报告有时可写多个主送机关。

(5)写作侧重点不同。报告重点在汇报工作情况,报告中不能夹带请示事项;请示中所陈述的情况只是作为请示原因,其重点仍是请示事项。

(6)请求事项的单一性。请示要求一文一事;报告可以一文一事,也可以一文数事。

模块三　范例呈现

省经济研究中心关于嘉奖刘××的请示

省总工会:

我中心是省政府的事业机构,负责全省的经济研究工作。由于中心尚无工会组织,故未能及时参加工会的有关活动。近闻总工会正在全省开展评奖活动,故将为我中心刘××同志立功一事请示如下:

刘××,男,52岁,1993年大学毕业,现为副研究员。该同志长期从事农业经济的研究工作,做出了许多卓著成绩,多次受到领导的好评,并为农业生产创造了显著效益。其中《×××××××》和《×××××××》两篇论文分别荣获全国农学会一、二等奖,《×××》一书获得全国科普鼓励奖,其本人已被编入中青年科学家辞典。

根据×总发【20××】××号文件精神,刘××同志符合立功条件,望予嘉奖。

妥否,请批示。

省经济研究中心

2020年××月××日

模块四　能力训练

1. 分析病文,指出错误的地方。

关于增拨办税大厅基建经费的请示

××省人民政府、××省长:

2018年11月,我局派出调查组到广西柳州市税务局学习考察其办税大厅的建设情况。调查组认为办税大厅功能较齐全,适应税收征管模式的改革,方便纳税人纳税缴款。为此我局决定修建办税大厅,并得到省人民政府的支持,在××省府办〔2019〕10号文“关于拨款修建办税大厅的批复”中,拨给我局150万元,此项资金已专款专用。但由于建筑材料涨价,原预算资金缺口较大,恳请省人民政府拨给不足部分,否则将影响办税大厅的竣工及我省税收任务的完成。

特此请示报告。

××省地方税务局

2019年××月××日

2. 根据所给材料,拟写一份请示。

天使玩具厂从市区搬往50公里外的远郊区,虽在新厂附近盖了一些职工宿舍,但仍有一部分职工住在市区,往返交通极为不便。厂里为解决这部分职工的交通问题,决定向上级请示购买一辆大客车作班车用。其上级为××市玩具总厂。

任务七　批复

模块一　情景导入

某博物馆因扩建后拟增设关于"人民生活条件发展变迁史"的展出项目,需要向社会征集一批文物,除社会捐赠外,预计还将花费500万元。但仅靠博物馆自身无法筹集到如此巨大的资金,于是决定向所在城市的政府请求,希望在资金上给予帮助和支持。政府经研究决定,同意拨付500万元扩建资金给该博物馆,请拟写一份回复的文件。该用什么文种呢?

模块二　知识积累

一、批复的概念

批复是用于答复下级机关请示事项的公文。它是机关应用写作中的一种常用公务文书。

请示与批复是一对必然组合。有请示就应该有批复,不管上级机关对请示的事项同意与否,都应作出明确批复。

二、批复的结构和写法

批复一般由标题、主送机关、正文和落款组成。

1. 标题。

标题的写法最常见的是完全式的标题,即由发文机关+事由+文种构成。在事由中一般将下级机关及请示的事由和问题写进去;还有一种完全式的标题是发文机关+表态词+请示事项+文种,这种较为简明、全面和常用;也有的批复只写事由和文种。

2. 主送机关。

主送机关一般只有一个,是报送请示的机关。写于标题之下,正文之前,左起顶格。

批复不能越级行文,当所请示的机关不能答复下级机关的问题而需要向更上一级机关转报"请示"时,更上一级机关所作批复的主送机关不应是原请示机关,而是"转报机关"。如果批复的内容同时涉及其他的机关和单位,则要采用抄送的形式送达。

3. 正文。

正文包括批复引语、批复意见和批复要求三部分。

(1)批复引语要点出批复对象,一般称收到某文,或某文收悉。要写明是对于何时、何号、关于何事的请示的答复,时间和文号可省略。

(2)批复意见是针对请示中提出的问题所作的答复和指示,意思要明确,语气要适当，什么同意，什么不同意，为什么某些条款不同意，注意事项等都要写清楚。

(3)批复要求(可以单独算作结尾)，是从上级机关的角度提出的一些补充性意见，或是表明希望、提出号召。如果同意，可写要求；不同意，亦可提供其他解决办法。

4. 落款。

这部分写在批复正文右下方，署成文日期并加盖公章。

三、批复写作的注意事项

1. 注意行文的针对性。下级机关请示什么事项，上级机关就批复什么事项。

2. 批复的观点要明确。无论审批性批复还是指示性批复，上级机关的态度都要明朗，不能模棱两可，以免使下级机关无所遵循。

3. 批复要及时。批复是因下级机关的请示而行文，凡下级机关能够向上级机关行文请示的，说明事关重要，时间紧迫，急需得到上级机关的指示和帮助，所以上级机关应当及时批复，否则就会贻误工作，甚至会造成重大损失。

4. 批复的行文要言简意赅。要做到言止意尽，庄重周严，以充分体现批复的权威性。

模块三　范例呈现

关于××县人民检察院增加内设机构的批复

××县人民检察院：

你院《关于成立监察室、技术科的请示》(〔×检发〕040 号)收悉。根据有关文件精神及你院工作需要，经××年第一次编委会研究，同意你院增设监察室、技术科，为你院内设股级行政机构，不增加编制，人员内部调剂。

此复。

××市人民检察院

××××年××月××日

模块四　能力训练

材料：随着教育事业的发展，××大学招生人数逐年增加，到 2018 年，在校人数已达 4 000 人。但是，市教委仍然按照 3 500 人的规模拨付教育经费，因而学校年经费缺口达 150 万元。为保证学校教育和其他各项工作的正常进行，学校向市教委请示，希望市教委从当年起，按实际在校学生人数计算包干经费，并一次性增补教育经费 200 万元，用于购置必要的教学设备。

请按材料内容，代市教委拟写一份批复。

任务八　函

模块一　情景导入

某学校要重新修建校门。因学校与旁边的农业研究所仅一墙之隔，施工时可能会因建设材料的堆放影响研究所人员的进出，学校拟与研究所进行协调，告知对方情况，希望对方支持配合学校工作。对于像研究所这样的与学校不相干的平行单位，这时学校应该用怎样的告知方式恰当呢？“函”作为一种公文，为学校解决了这个问题。

模块二　知识积累

一、函的概念

函是指不相隶属机关之间商洽工作、询问和答复问题时所使用的公文。函是一种平行文。

二、函的特点

1. 沟通性。

函对于不相隶属机关之间相互商洽工作、询问和答复问题，起着沟通作用，充分显示平行文种的功能，这是其他公文所不具备的特点。

2 灵活性。

表现在两个方面：一是行文关系灵活。函是平行公文，但是它除了平行行文，还可以向上行文或向下行文，没有像其他文种那样有严格的特殊行文关系的限制。二是格式灵活。除了国家高级机关的函必须按照公文的格式、行文要求行文，其他一般的函，比较灵活，也可以按照公文的格式及行文要求办理。

3. 单一性。

函的主体内容应该具备单一性的特点，一份函只宜写一件事项。

三、函的结构和写法

函的基本组成部分包括标题、主送机关、正文和落款四个部分。

1. 标题。

函的标题一般有两种形式，一种是由发文机关名称+事由+文种构成，另一种是由事由+文种构成。

2. 主送机关。

即受文并办理来函事项的机关单位，于文首顶格写明全称或者规范化简称，其后用冒号。

3. 正文。

其结构一般由开头、主体、结尾、结语组成。

(1)开头。主要说明发函的缘由。一般要求概括交代发函的目的、根据、原因等内容,然后用"现将有关问题说明如下"或"现将有关事项函告如下"等过渡语转入下文。复函的缘由部分,一般首先引叙来文的标题、发文字号,然后再交代根据,以说明发文的缘由。

(2)主体。这是函的核心内容部分,主要说明致函事项。函的事项部分内容单一,一函一事,行文要直陈其事。无论是商洽工作,询问和答复问题,还是向有关主管部门请求批准事项等,都要用简洁得体的语言把需要告诉对方的问题、意见书写清楚。如果属于复函,还要注意答复事项的针对性和明确性。

(3)结尾。一般用礼貌性语言向对方提出希望。或请对方协助解决某一问题,或请对方及时复函,或请对方提出意见或请主管部门批准等。

(4)结语。通常应根据函询、函告、函商或函复的事项,选择运用不同的结束语。如"特此函询(商)""请即复函""特此函告""特此函复"等。有的函也可以不用结束语,如属便函,可以像普通信件一样,使用"此致""敬礼"。

4. 落款。

一般包括署名和成文时间两项内容。署名机关为单位名称,写明成文的时间年月日,并加盖公章。

四、函的写作的注意事项

函的写作,首先要注意行文简洁明确,用语把握分寸。无论是平行机关或者是不相隶属的机关的行文,都要注意语气平和有礼,不要倚势压人或强人所难,也不必逢迎恭维、曲意客套。至于复函,则要注意行文的针对性,答复的明确性。

其次,函也有时效性的问题,特别是复函更应该迅速、及时,像对待其他公文一样,及时处理函件,以保证公务等活动的正常进行。

"函"的写法要注意以下几点:

1. 要严格按照公文的格式写"函"。

2. "函"的内容必须专一、集中。一般来说,一个函件以讲清一个问题或一件事情为宜。

3. "函"的内容必须真实、准确。

4. "函"的写法以陈述为主,只要把商洽的工作,询问和答复的问题,向有关主管部门请求批准的事宜写清楚就行。

5. 发"函"都是有求于对方的,或商洽工作,或询问问题,或请求批准,因此,要求"函"的语言要求朴实,语气要恳切,态度要谦逊。

6. "函"的结尾,一般常用"即请函复""特此函达""此复"等惯用语,有时也不用。

模块三　范例呈现

范例一

关于请求解决我县枯水期用电指标的函

××市供电局：

去年以来，我县利用本地水力资源发展小水电，每年丰水期输入国家大电网的电达 3 000 万至 6 000 万度，每度电价 0.25 元。而枯水期我县则严重缺电，以每度电价 0.50 元购进 1 500 万度电，仍然不能保证城镇居民生活用电。目前有几间水泥厂、糖厂因缺电已停产。为此，我县请求从今年起在每年 11 月 1 日至次年 3 月 30 日的枯水期内，每一天能支持配送我县基数电 10 万度。

可否，请予函复。

××县人民政府

××××年××月××日

范例二

关于给××超市总公司商租商场一事的复函

上海××超市总公司：

贵公司《关于商租大华商厦五楼的函》（沪×超函〔2020〕20 号）收悉，经研究，现答复如下：

贵公司欲租我商厦五楼闲置的楼面开设超市，这是方便顾客的购买需求，有利于盘活我商厦的闲置资源，扩大我商厦的经营规模与商品种类的好事，本商厦欢迎贵公司来我商厦五楼开设超市。具体租金请贵公司来人面洽。

特此函复。

上海大华商厦

2020 年××月××日

模块四　能力训练

请就情景导入的材料拟写一份函。

任务九　会议纪要

模块一　情景导入

假如你被聘为某公司的秘书，老板通知你明天上午公司要召开一个会议，要你拟写一份会议纪要。这是你第一次参加公司的重要会议，是老板考验你的一次机会，也是你表现自己能力的一次机会。你打算怎么做？你会准备些什么？你会具体记录一些什么？采用什么样的形式？

模块二　知识积累

一、会议纪要的概念

会议纪要是记载和传达会议情况和议定事项时使用的一种法定公文，是下行文。

会议纪要是在会议记录的基础上经过加工、整理出来的一种记叙性和介绍性的文件。包括会议的基本情况、主要精神及中心内容。纪要要求会议程序清楚，目的明确，中心突出，概括准确，层次分明，语言简练。

会议纪要与会议记录不同，会议记录只是一种客观的纪实材料，记录每个人的发言，而会议纪要则集中、综合地反映会议的主要议定事项，起具体指导和规范的作用。

二、会议纪要的分类

1. 办公会议纪要。主要用于记载和传达领导的办公会议决定和决议事项。如其中涉及有关部门的工作，可将会议纪要发给他们，并要求其执行。

2. 工作会议纪要。用以传达重要的工作会议的主要精神和议定事项，有较强的政策性和指示性。

3. 协调会议纪要。用于记载协调性会议所取得的共识以及议定事项，对与会各方有一定的约束力。

4. 研讨会议纪要。主要记载研究讨论性或总结交流性会议的情况。这类会议纪要的写作要求全面客观，除反映主流意见外，如有不同意见，也应整理进去。

三、会议纪要的特点

1. 内容的纪实性。会议纪要要如实地反映会议内容，它不能离开会议实际搞再创作，否则就会失去其内容的客观真实性。

2. 表达的提要性。会议纪要是根据会议情况综合而成的，因此，撰写会议纪要时应围绕会议主旨及主要成果来整理、提炼和概括，重点应放在介绍会议成果，而不是叙述会议的过程。

3. 称谓的特殊性。会议纪要一般采用第三人称写法。由于会议纪要反映的是与会人员的集体意志和意向，常以“会议”作为表述主体，使用“会议认为”“会议指出”“会议决定”“会议要求”“会议号召”等惯用语。

四、会议纪要的结构和写法

会议纪要通常由标题、制文机关和制文时间、正文三部分组成。

1. 标题。

标题有三种格式：第一种写法，会议名称加“纪要”，如《全国财贸工会工作会议纪要》《吉林省工商行政管理局局长会议纪要》。会议名称可以写简称，也可以用开会地点作为会议名称，如《京、津、沪、穗、汉五大城市治安座谈会纪要》《郑州会议纪要》。第二种写法，把会议的主要内容在标题里揭示出来，如《关于加强纪检工作的座谈会纪要》《关于落实省委领导同志批示保护省级文物七级浮屠塔问题的会议纪要》。第三种写法，有正副两个标题，正标题概括纪要的基本精神，副标题写明会议名称和文种。

2. 制文机关和制文时间。

在标题的正下方，居中写明制文机关和制文时间，二者之间用空格隔开。制文时间要使用阿拉伯数字全称标识，并用括号括入，如〔2021〕67号。办公会议纪要对文号一般不做必须的要求，但是在办公例会中一般要有文号，如“第××期”“第××次”，写在标题的正下方。

3. 正文。

正文开头部分简要介绍会议概况，其中包括：会议召开的形势和背景；会议的指导思想和目的要求；会议的名称、时间、地点、与会人员、主持者；会议的主要议题或解决什么问题；对会议的总体评价。

纪要的中心部分对会议的主要内容、主要精神、讨论意见、决议事项和今后任务等概要进行阐述。根据会议性质、规模、议题的不同，一般有下面三种写法：

(1)集中概述法。是把会议的基本情况，讨论研究的主要问题，与会人员议定解决问题的措施、办法和要求等，用概述的方法进行综合阐述和说明。这种写法多用于召开小型会议，而且讨论的问题比较集中单一，容易贯彻操作，篇幅相对短小。

(2)发言提要法。这种写法是把会上具有典型性、代表性的发言加以整理，提炼出内容要点和精神实质，然后按照发言顺序或不同内容，分别加以说明。这种写法如实地反映了与会人员的意见，适用于座谈会之类的会议。

(3)分条列项法。召开大中型会议或议题较多的会议，一般要采取分项叙述的办法，即把会议的主要内容分成几个大的问题，然后列上标号或小标题，分项来写。这种写法侧重于横向分析阐述，内容相对全面，问题也说得比较细。

总之，会议纪要要从会议的客观实际出发，抓住会议的中心思想、中心工作和主要内容，以整个会议的名义概括会议的共同决定，反映会议的全貌。凡没有形成一致意见的问题，则需要写明分歧所在。为了叙述方便，眉目清楚，起到强调的作用，常用“会议认为”“会议指出”“会议强调”“与会人员一致表示”等词语，作为段落的开头语。

一般结束语的写法是提出号召和希望，但也可酌情略去。

五、会议纪要写作的注意事项

1. 抓住中心，突出重点。必须明确会议宗旨，紧紧围绕会议议题，对会议的原则精神、讨论结果和今后的任务等进行具体叙述和说明。要有概括性、政策性和指导性，使之成为真正的“纪要”而不是“记录”。

2. 要认真做好会议记录，详尽地占有材料。要认真研究会议的精神，以便对材料正确取舍，合理删减。

3. 条例清楚，语言准确。写会议纪要一定要注意材料间的逻辑关系，分清主次，避免杂乱无章。

模块三　范例呈现

关于协调解决沙面大街56号首层房屋使用权问题的会议纪要

第××号

××××年2月2日上午，市政府办公厅×××主任主持召开会议，协调解决沙面大街56号首层房屋使用权问题。参加会议的有省政府办公厅交际处、广东胜利宾馆、市商委、市国土房管局、二商局、市外轮供应公司等有关部门的负责同志。

会议认为，沙面大街56号首层房屋使用权的问题，是在过去计划经济和行政决定下形成的历史遗留问题。早几年曾多次协调，虽有进展，但未有结果。最近，按照省、市领导同志"向前看""了却这笔历史旧账"的批示精神，在办公厅的协调下，双方本着尊重历史，面对现实，互谅互让的原则，合情合理地提出解决这宗矛盾的方案。经过协商、讨论，双方达成了共识。会议决定了如下事项：

一、市外轮供应公司应将沙面大街56号房屋的使用权交给胜利宾馆。

二、考虑到市外轮供应公司在56号经营了30多年，已投入了不少资金，退出后，办公地点暂时难以解决，决定给予其商品损耗费、固定资产投资和搬迁费等一次性补偿费用共95万元。其中省政府办公厅和广东胜利宾馆负责80万元，考虑到省政府领导曾多次过问此事，另15万元由广州市政府支持补助。

三、省政府办公厅和胜利宾馆的补偿款于××××年2月7日前划拨给市外轮供应公司。市政府的补助款于3月5日划拨，市外轮供应公司应于2月15日开始搬迁，2月20日前搬迁完毕并移交钥匙。

四、市外轮供应公司原搭建的楼阁按房管部门规定拆迁。空调器和电话等2月20日前搬迁不了的，由胜利宾馆协助做好善后工作。

会议强调，双方在房屋使用权移交过程中要各自做好本单位干部群众的工作，团结协作，增进友谊，保证移交工作顺利进行。

××市政府办公厅

××××年××月××日

模块四　能力训练

阅读下文，分析其错误，并写出修改稿。

《××××学会会议纪要》

时间：××××年××月××日

参加人员：常务副会长×××，副会长×××、×××、×××，办公室主任×××、副主任×××，活动中心主任××。

会议内容：

一、确定了学会的办公地点。根据××××年××月××日会议决定，×××、×××同志对学会办公地点进行了考察，经过比较，认为××大学办公条件优越，适合作学会的办公地点。会议决定，即日起××××学会迁到××大学，挂牌办公。通信地址：××市××区×××路××号，联系电话:××××××××。

二、学会与××大学商定,由××大学给学会提供办公室、办公桌椅、电话和必要的办公费用。利用××大学的教学条件,双方共同组织举办秘书培训班等。

三、增补了学会副会长。为便于开展工作,建议增补××为学会副会长,负责学会的后勤保障和日常管理工作,先开展工作,以后提请常务理事会确认。

四、制订了今年的活动计划。(略)

××××学会

××××年××月××日

项目三　事务文书

任务一　单据

模块一　情景导入

张强借给李伟五千元钱，双方口头约定一年以后还钱。可是，一年到了，李伟没还钱，还死活不认账。于是他们闹得不可开交，谁也说不清楚。最后，他们在法庭上你说你的理，我说我的理。法官对他们说："记住，借钱给别人应该要求对方打借条。"

模块二　知识积累

一、单据的概念

单据是人们在处理财务、物质或事务来往时，写给对方作为凭据或有所说明的字据，属于凭证性单据。单据的种类很多，常用的有借条、收条、欠条、领条等。另外，有些单据如发票、汇款单、取款单等，由有关部门统一印制，属于特殊的单据。

二、单据的结构和写法

单据基本格式包括标题、正文、结束语、落款四部分。

1. 标题。

标题居中写在第一行，如"借条""收条"。

2. 正文。

正文是单据的主要部分，要用简洁的语言写明事由和情况。不同的单据，写法也有所不同。

(1)借条。借条又叫借据，是一方向另一方借取实物或款项后向对方出具的书面凭证。

正文应包括四方面内容：

①发生借款物的双方当事人的法定全名；

②借的物品名称；

③款物的数量，数字后要加"整"字（借钱需用汉字写清钱的数量，并写明币种）；

④归还的日期。

借条是一种非正式契约，通常在归还了钱物后，由立据人收回或当场销毁。如果发生纠纷，借条是最有利的直接证据，提起诉讼时可不需要出示其他证据，就能支撑诉讼请求。

（2）欠条。欠条通常是表示双方进行还款、交易或者是给对方的人身、财产造成损害后，应支付一定数额款项的书面凭证。

正文应包括四方面内容：

①发生欠物款的双方当事人的法定全名；

②欠的物品名称；

③款物的数量，数字后要加"整"字（在欠钱时需用汉字写清钱的数量，并写明币种）；

④归还的日期。

欠条所发生的事实是多种多样的，因素非常复杂。借取行为发生后，如果借取方在归还所借钱物，只能归还其中一部分而不能全部归还时，则应为出借方立下欠条；在购买物品或收购产品时，因不能支付或不能全部支付他人的款项时也要写欠条；借了个人或单位的钱物，事后补写的凭证，也可以称作欠条。

（3）收条。也称收据，指在收到个人或单位的钱物后专门立下的交给对方的凭据。收条可写一份，也可采用由对方提供两联单或三联单的形式以便日后核实之用。其中第一联是存根，第二联或第三联作为其报销凭证。

正文一般要写明收到的钱物的数量、物品的种类、规格等情况。如果是代替他人收下钱物，代收者应出具"代收条"。

（4）领条。领条是向单位领取钱物时，给发放者留下保存的条据。发放者根据领条报销账目，而领取者据此表示已如数领取。

正文主要写明：领取谁的钱物，领取了哪些东西，其数目分别有多少。有的领条还要写出所领物品具体的用途。若所领取的物品种类较多，则可单独列表表示。如果是代替他人领取钱物，则应注明"代领"二字，并写上代领者与被代领者的姓名。

3. 结束语。

正文之后另起一行空两格写"此据"或"特立此据"等字样，后面不加标点符号。

4. 落款。

落款包括署名和日期。

署名应是个人亲笔签名的真实姓名，以身份证上的名字为准。重要单据的姓名前要写清单位或地址。单位出具的条据应署单位的全称，单位署名后还要盖章，并由经手人亲笔签名，以示负责。单位、个人名称前一般要写上"立据人"或"借款人"字样。

立据的时间要全写清，包括年、月、日。

三、单据写作的注意事项

1. 出具单据不能碍于情面，该立据时就立据，如果以后发生纠纷，单据可以作为诉讼证据。

2. 写单据不能用铅笔、红笔或其他易褪色的笔，字迹要端正、清楚。单据写成后，不得涂改；如有涂改必须在涂改处盖章或签字、按手印，以证明修改的地方有效。

3. 单据涉及物品的，要写清物品名称、数量，重要物品还要写上质量或规格。借款金额要大、小写兼有，数额要一致，并在数字之前注明币种。大写汉字的写法为：零、壹、贰、叁、肆、伍、陆、柒、捌、玖、拾、佰、仟、万。数字之前不留空白，之后还要写上“整”字，表示到此为止，以防有人添加篡改。

4. 请别人或由对方写的字据，应字斟句酌，认真审核，不能轻率地签字盖章。如果是借据，对方未把钱款或物品交清前不能把借据交给对方。还款时要索回借据，对方若称一时找不到借据，应该让其写一张收据留存，并妥善保管，这样才不至于留下隐患。

5. 单据中还有一类是国家有关行政部门制发的票据，如各种发票、凭单等，它们都有固定的格式、内容和用途，任何个人或单位使用时都要依照有关规定填写。

6. 单据内容表述要清楚规范。有的单据将“买”写成“卖”，“收”写成“付”，“借给”写成“借”等，都极易颠倒是非。

模块三　范例呈现

范例一

借　条

今借到赵宏现金人民币伍拾肆万陆仟圆整（￥546 000 元），年利率3%，2023 年 6 月 13 日前本息一并归还。

此据

借款人：陈洁

2022 年 6 月 13 日

范例二

欠　条

今欠张兰人民币现金贰仟元整（￥2 000 元），经协商约定 2022 年 12 月 10 日前全部还清。

特立此据

欠款人：刘坤

2022 年 9 月 10 日

范例三

收　条

今收到吴君老师所归还音响一套，话筒两个，完好无损。

此据

经手人：杨益

2022 年 9 月 25 日

范例四

领　条

今领到学校发的笔记本电脑壹台(型号:×××××),用于教学。

此据

教务处:廖伟

2022 年 3 月 26 日

模块四　能力训练

1. 假设你向某同学借到 500 元钱,请拟写一张借条。

2. 假设你班准备举办晚会,班长外出购买晚会所需物品,回校后,在生活委员处清点物品,请代生活委员拟写一张收条。

任务二　启事

模块一　情景导入

王林在一个厂里工作,一次在厂区捡到一个棕色钱包。里面装了 10 张百元大钞、两张银行卡和三张购物券。王林写了一则招领启事,贴到厂里的张贴栏,希望尽快找到失主。你们认为这则启事有问题吗?

招领启事

本人于今日上午九点左右在车间楼梯口捡到一棕色钱包,内有 10 张百元大钞、两张银行卡和三张购物券,请失主及时与我联系。

王林

2022 年 7 月 6 日

1. 王林写的这张招领启事有些什么问题?会造成什么后果?

2. 请学习完本节知识后,帮王林改写这份招领启事,要求格式正确。

模块二　知识积累

一、启事的概念

启事是向社会公众陈述事项、发布信息的告知性应用文,目的是得到相关对象的回应与协助。一般采用张贴、登载、播出等方式发布,机关、团体、企事业单位和个人都可使用。下面以招领启事和寻物启事为例来讲解启事这一文种。

二、启事的种类

启事分为三大类:第一类是征召类启事,包括招聘、招标、招工、招领、征稿、征婚等启事;第二类是声明类启事,包括遗失、作废、解聘、辨伪、迁移、更名、更期、开(停)业、竞赛、讲座等启事;第三类是寻找类启事,包括寻人、寻物启事等。

(一)招领启事

1. 招领启事的概念。

招领启事是拾到东西的个人或单位,为寻找失主使用的启事。招领启事由标题、正文和落款三部分构成。

2. 招领启事的结构和写法。

(1)标题:招领启事。

(2)正文:捡拾物品的时间、地点和物品名称(物品大概特征)、联系方式。

(3)落款:发布者和日期。

3. 招领启事写作的注意事项。

招领启事公开发布捡拾物品的信息,涉及权属的确认和财物的交接,既要便于认领,又要防止冒领,所以对启事中所提供信息的详略要格外谨慎。

(1)该有的信息。

捡拾物品的时间、地点和物品名称——便于失主确认。

捡拾者的姓名、地址及联系方式——便于失主认领。

(2)不该有的信息。

物品的具体特征、数目——留待失主认领时进行核对,以防止他人冒领。

(二)寻物启事

1. 寻物启事的概念。

捡到东西写"招领启事",丢了东西就要写"寻物启事"。寻物启事与招领启事的结构大致相同,内容则比招领启事要详细一些。

2. 寻物启事的结构和写法。

(1)标题:居中写"寻物启事"(也可在标题中直接写明寻找何物,如"寻自行车启事")。

(2)正文:遗失物品的时间、地点、原因、物品的名称、具体数目、详细特征。遗失者的姓名、地址及联系方式、答谢语或酬谢方式。

(3)落款:署名和日期。

(三)寻物启事的写作注意事项

寻物启事的目的是公开发布遗失物品的信息,因此为了便于捡拾者确认所拾物品是否为启事所寻之物,寻物启事要详细地提供遗失物品的名称、数目、特征等信息,这点与招领启事刚好相反。

1.“启事”≠“启示”。

很多人将作为应用文体的“启事”写成“启示”,这种错误非常普遍,要注意纠正。

2.控制字数。

启事的作用是发布信息,要用描述性的语言,力求平实、简明。字数过多,读者没有耐心看完,也抓不住要点;如果通过电台、电视、报刊等媒体发布,还要按字计价,这时省字就是省钱,当然是以不损失必要信息为前提。

3.一事一启。

启事具有单一性,一则启事只陈述一件事项,不要混杂多项内容。

4.启事的标题。

启事的标题一般由发布者+事由+文种三部分内容构成,如“美佳糕点屋搬迁启事”。当然,以上三部分内容不一定都要出现在标题中,视具体情况而定。

模块三　范例呈现

范例一

寻物启事

今天放学后,我在篮球场丢失了一部黑色的华为 P50Pro 手机,如有人拾得,请与我联系,联系电话 138××××××××,定当面酬谢。

刘晓华

2022 年 5 月 6 日

范例二

寻人启事

林晓红,女,68 岁,高 1 米 6 左右,短发,患有轻微阿尔茨海默病。于 2022 年 4 月 28 日上午在和平路走失,走失时上穿红色上衣,下穿黑色长裤、红色布鞋。有知情者或收留者,请速与枣园小区李娇联系,手机:135××××××××,必定重谢。

李　娇

2022 年 4 月 28 日

范例三

招领启事

我于 3 月 29 日在学校操场拾得皮包一只,内有身份证和人民币若干,请失主与现代服务系杨兰联系,电话:132××××××××。

杨　兰

2022 年 3 月 29 日

范例四

××书店开业启事

本书店已装修完毕，定于6月6日上午8点正式开业接待读者。

本店存书丰富，各领域书籍非常齐全。为庆贺开业，3天内所有书籍均享八折优惠，欢迎广大读者光临。

××书店
2022年6月6日

范例五

征稿启事

为提高学生的写作水平，丰富学生的暑期生活，我校《季风报》文学社特面向全校学生举办征文活动。

内容：歌颂“中华传统文化”。要求有真情实感，有时代气息。

体裁：小说、诗歌、散文均可。

稿件请递交《季风报》文学社，希望全校学生踊跃投稿。稿件截止时间为2022年6月29日。

《季风报》文学社
2022年4月29日

模块四　能力训练

1. 2022年6月15日，你在学校食堂丢失书包一个，内有人民币300元，银行卡一张，饭卡一张，三本书，请以此为内容写一则寻物启事。

2. 下面是一则启事，在格式上有两处错误，内容和表达上有三处错误，请按行文顺序指出并修改。

寻　人

我家小孩刘小林，3岁，于昨天下午在桂山公园走失。全家人四处寻找未果，十分着急。如有人知情，一定通知我，必当面酬谢，决不食言。

刘明海

（1）格式错误一：

（2）格式错误二：

（3）内容表达错误三：

（4）内容表达错误四：

（5）内容表达错误五：

任务三　申请书

模块一　情景导入

孙大海家有四口人,其中两个女儿都患有严重的脑疾,家庭生活十分困难,希望申请"低保"。现需要写一份申请书,这下可难住了没有文化的孙大海一家。亲爱的同学你可以帮帮他吗?

模块二　知识积累

(一)申请书的概念

申请书是个人或单位集体向组织、领导表达某种愿望,请求批准或帮助解决问题的专用书信。

申请书的使用范围相当广泛,种类也很多:按作者分类,可分为个人申请书和单位集体公务申请书;按解决事项的内容分类,可分为入团、入党、困难补助、调换工作、建房、承包、贷款申请书等。

(二)申请书的结构和写法

1. 标题。

首行居中书写。有两种写法:一种是直接写"申请书";另一种是在"申请书"前加上内容,如"入党申请书""调换工作申请书"等,一般采用第二种。

2. 称谓。

另起一行顶格写明接受申请书的单位组织或有关领导,如"×××党支部""×××有限公司"等,后加冒号。

3. 正文。

正文部分是申请书的主体,首先提出申请目的,其次说明理由和申请事项。理由要写得客观、充分,事项要写得清楚、简洁。

4. 结语。

写明惯用语"特此申请""恳请领导帮助解决""希望领导研究批准"等,也可用礼貌用语"此致、敬礼"等。

5. 落款:署名和日期。

正文的右下方先写申请人名称,个人申请要写清申请者姓名,单位申请要写明单位名称并加盖公章,名称下注明日期。

(三)申请书写作的注意事项

1. 申请的事项要写清楚,具体涉及的数据要准确无误。

2. 理由要充分、合理,实事求是,不能虚夸和杜撰,否则难以得到上级领导的批准。

3. 语言要准确、简洁,态度要诚恳、朴实。

模块三　范例呈现

生活困难补助申请书

尊敬的学校领导：

我叫赵涛，是××区职业学校的一名退休职工。2021 年 2 月至 2022 年 7 月期间，我先后四次因患脑血栓、脑萎缩，并发肺炎、帕金森综合征，在西南医院住院治疗。医疗费用除去单位医疗保险负担的部分外，家庭支付累计五万余元。从 2022 年 7 月上旬出院后，本人生活已不能自理，一切需要家人长期精心护理。目前，家中只有我和老伴两个人，我老伴也已年近七旬，患有骨刺和甲亢。因我长期生病，经济支出特别大，家庭基本生活费用已经入不敷出。

我本不愿给学校领导添麻烦，但实在没有办法，希望在我最困难的时期能得到集体、组织的温暖，得到一些困难补助，以此减轻家里的一点经济负担。所以特此提出申请，望能核查批准。

此致

敬礼

申请人：赵涛

2022 年 11 月 20 日

模块四　能力训练

1. 根据所学申请书的相关知识，结合模块所给材料，替孙大海代写一份申请书。
2. 申请书的一般格式包含哪些方面？

任务四　计划

模块一　情景导入

暑假到了，张波每天在家睡懒觉、上网、打游戏。妈妈看在眼里，心里很着急！孩子老这样无所事事怎么行？妈妈对张波说：“我们出去旅游怎么样？”张波一听脸上露出了喜色：“真的？我们要去哪里？”妈妈说：“你既然学了导游专业，那就由你来为我们这次的旅游做个规划。我没去过北京，想去那里玩一玩，你就好好订一份计划吧。”于是，张波翻开《应用文写作》的教材，复习了计划写作这节内容，为暑假出游制订了一份计划。

模块二　知识积累

一、计划的概念

计划是单位或个人为了实现某一目标,完成某一任务而预先制订的工作安排和行动步骤。各级党政机关、企事业单位根据党的方针、政策和上级的指示精神,结合本单位的实际情况,对工作的任务、指标、要求、方法、步骤作出设想,把这个设想写成书面文字就是计划。有了预先的筹划和安排,就可以避免工作的盲目性和随意性,从而保证各项工作的顺利开展。

二、计划的特点

1. 预见性。

计划是在行动前制订的,它以实现今后的目标、完成下一步工作和学习任务为目的。一份好的计划要在总结过去的成绩和问题、分析目前的工作实际的基础上,对今后的工作作出科学预见,这样才能保证计划的顺利实施。

2. 可行性。

保证计划的可行性,要满足三个方面的要求:

其一,对背景分析全面细致,充分考虑计划实施过程中的积极因素和消极因素,准确把握各种客观条件。

其二,所确立的目标和任务要充分考虑自身的实际能力,做到切实可行,不能仅凭主观意愿,肆意夸大。

其三,对方法、措施的描述要清晰具体,不能含糊不清,不能只说官话套话,这就从客观上保证了计划的可行性。

3. 指导性。

计划一经批准通过,就要遵照执行。在它涉及的范围内,就有了一定的约束性,无论单位或个人都必须坚决贯彻,不得随意更改。

三、计划的结构和写法

计划由标题、正文和落款三部分组成。

1. 标题。

一般包括单位名称、适用期限、计划内容和文种。可以省略某些要素,但必须包括计划内容和文种。

2. 正文。

计划的正文必须写清楚目标、步骤、措施三方面的内容,人们称这三个方面为计划的三要素。具体写作时,正文往往由前言、目标和任务、步骤和程序、措施和办法四个部分组成。

前言一般写制订计划的目的要求、指导思想和理论依据。计划的前言部分要写得简明扼要,如无必要,前言有时也可不写。一般用“为……”“根据……”之类的介词结构起句,然后用“为此,特制订本计划如下”或“为此,要抓好如下几项工作”等承启语进行过渡。

目标和任务是计划的核心内容。确定目标和任务应该实事求是，不能好高骛远；应该主次、轻重分明，不能面面俱到；应该规定任务的数量、质量，做到明确具体。如果有几项目标和任务，应该一一列出，加以说明。

步骤和程序是指为了达到目标、完成任务，明确各项工作需要分几步走，先做什么，后做什么，每一步在何时完成，应达到什么程度等。

措施和办法是计划顺利完成的保证。要写明采取何种办法，利用哪些条件克服什么困难，各部门如何配合、协调等内容。措施和办法要具有科学性，便于操作实施。

3. 落款。

写明计划的制订者和日期。如果标题已经写明计划制订者，落款中可以不写。

四、计划写作的注意事项

1. 目标明确、步骤清晰。对目标任务、方法要求等要用准确的文字加以表述，以利于执行者明确努力的方向。

2. 语言要准确、简明、生动、严谨。遣词造句要恰当，忌用“大概”“基本上”“少数”等模棱两可的词语。

模块三　范例呈现

学习计划

光阴如梭，迎来2022年，我又长大了一岁，我的学习任务也越来越重了，但是我会更加努力，朝着我的目标前进，为此做出以下计划：

一、上课更加认真地听讲，积极回答问题。老师叫同学起来回答问题时，要好好听同学的发言。还要积极参加集体活动，和同学互相帮助。

二、要做到课前预习，课后复习。多读课外书，以便开阔视野，积累好词好句。

三、寒假暑假不要只顾玩，要多自学。控制电脑的使用时间，要把电脑当作学习工具。

四、要多运动，有好的身体才能去更好地学习，还要帮父母做一些力所能及的事。

这就是我的2022年的学习计划，我要以优秀学生的标准来要求自己，争取达成目标。

李　明

2022年1月1日

模块四　能力训练

1. 假设你班拟办一次以“感恩”作为主题的班会活动，请你写一份主题班会计划书。

2. 拟订一份暑假岗位实习计划。

3. 拟订一份××专业技能大赛备赛计划。

任务五　总结

模块一　情景导入

暑假,王莲去应聘某公司销售员。该公司十天的服饰展销活动结束了,共售出服装600多件,销售额达30万元。取得了这样好的成绩,店长把王莲叫到办公室:“这次展销业绩不错!你下去写一份活动总结。要从咱们全店的角度来写,以门店的名义来写。”如果你是王莲,能写出一份工作总结吗?

模块二　知识积累

一、总结的概念

总结是单位或个人检查和评估过去一个阶段的工作或学习情况,用以肯定成绩和经验,发现问题与不足,归纳经验和教训,得出规律性认识,从而指导下一阶段工作的一种事务文书。总结具有实践性、概括性、理论性强等特点。

二、总结的结构和写法

总结一般由标题、正文和落款三部分构成。

1. 标题。

总结的标题有两类形式:

(1)规范式。

单位名称(或个人姓名)+时间+事由+文种,例如《××学校2022年度教学工作总结》《××2022年实习总结》。

(2)灵活式。

根据总结的内容拟写标题,可以用一句名言或形象生动的话突出主要内容。有单行标题,如《推动人才交流》;有双行标题,如《增强体质,全面贯彻执行教育方针,开展多种形式的体育活动》。

2. 正文。

总结的正文由前言、主体、结尾三部分构成。

(1)前言。

即正文的开头,一般简明扼要地概述基本情况,交代背景、基本过程,为主体内容的展开作必要的铺垫。

(2)主体。

为总结的核心部分,其内容包括做法和体会、成绩和问题、经验和教训等。要求在全面回顾工作情况的基础上深刻、透彻地分析取得成绩的原因、条件、做法及存在的问题的根源和教训，揭示工作中带有规律性的东西。

(3)结尾。

可以概述全文，也可以提出今后的努力方向或改进意见。

3. 落款。

落款包括个人或单位署名及成文时间两项。

三、总结写作的注意事项

1. 总结要用第一人称。即要从本部门、本人的角度来撰写。表达方式以叙述、议论为主，说明为辅，可以夹叙夹议。

2. 重点突出，特色鲜明。表达时，要注意彰显自身特色，而不是使用“人云亦云”的陈词滥调，对使用的文字要仔细推敲。

3. 语言要准确严谨，用词造句要恰当，切记勿用“大概、基本上”等模棱两可的词语；可以适当用排比等修辞手法，并配以生动的典型事例。

模块三　范例呈现

××公司 2022 年安全部工作总结

今年以来，在公司的正确领导和全体员工的集体努力下，公司的生产安全工作达到了安全生产管理的目标。特别是公司在全年 100 余项大小工程中，无一例轻、重伤事故发生，且工程质量均达到验收标准。本部门有如下体会：

一、坚持开好班前会

在公司各级领导对安全工作的正确指导下，本部门坚持开好班前会，这是完成全年“零事故”目标的重要支撑。年初，经理办公室在全年工作计划中做出了班组每天召开班前会的决定，要求在班前会上除了安排当日工作，还必须强调工作的安全注意事项。这项工作的坚持，为我们的工作安全及工程质量打下了坚实基础。在施工过程中也体现了以这项工作为重点的真实效应。

二、坚持现场监督检查指导

本年度基本上做到了对重点工程的施工现场进行监督检查指导。这样，能及时发现安全问题和隐患，并及时解决和处理，因此，95% 以上的工程项目都能达到验收标准，也都能在要求的工期内完工，确实做到了保质、保量、保安全地完成任务。

三、加强安全教育

安全规定、安全技能的学习是保证作业人员安全操作，确保工程质量，防止发生人为事故的基础。由于今年的工程多、人员少、空闲时间少，今年本部门利用班前会，对作业人员组织了 4 次学习和教育活动，还利用空闲时间组织班组进行了一次“施工作业人员进入现场的安全教育”考试。另外，本部门组织公司员工进行了一次安全生产法律法规考试，参加人数达到了全员的 98%。通过学习和教育，提高了作业人员的安全意识，提高了员工对安全生产知识和操作规程技术的理解水平。

四、工作中的不足

组织作业人员学习及教育工作的成效有待提升。成绩只能代表过去，要在今后的工作中继续保持安全工作的成果,除了吸收已有的成功经验,本部门还将进一步探索新的安全工作方法,将公司的安全工作推向更高的水平。

××公司安全部

2022 年 12 月 23 日

模块四　能力训练

1. 回顾这学期的学习,请写一份学习总结。

2. 赵玉被派到某公司实习,实习结束后,请你代赵玉写一份实习总结(具体情境请自拟)。

任务六　会议记录

模块一　情景导入

王莲在服装展销会上业绩突出,公司领导很重视,要求该店召开销售研讨会,会后提交一份会议记录,店长通知明天开会,并安排王莲做会议记录。

王莲从没写过会议记录,心想:就是他们说什么,我写什么呗。转念一想,恐怕没这么简单吧?她用手机在网上查了几篇范文,又怕不规范。到哪儿去找一篇正规的模板呢?

回到家,王莲赶紧找出教材,找到"会议记录"这节内容,回忆老师讲的知识,重温了会议记录的写作格式和写作注意事项。王莲感叹道:"没想到写会议记录还有这么多要求,看来还是要好好学习应用文的知识,工作中用得上啊!"

模块二　知识积累

一、会议记录的概念

在会议过程中,由记录人员把会议的组织情况和具体内容记录下来,就形成了会议记录。会议记录是会议最重要的成果之一,甚至在某种意义上是具有法律效力的文本。

二、会议记录的结构和写法

会议记录由标题、会议组织情况、会议内容、签名四部分构成。

1. 标题。

标题一般由会议名称+文种构成,如《招生工作会议记录》。

2. 会议组织情况。

准确写明会议名称(全称)、开会时间和地点。详细记录出席会议应到和实到人数,出席人、缺席人、列席人、会议主持人、记录人姓名。

注意写清楚以下细节:

①姓名、单位(或部门)、职务等;

②人数多的会议,可只写领导姓名和总人数,缺席人员应该注明缺席原因;

③主持人、记录人审阅、核对会议记录后,要亲笔签名以负责。

3. 会议内容。

清楚记录会议的议题、参会人员、发言及决议等内容。

4. 签名。

主持人和记录人分别签名。

三、会议记录的写作注意事项

会议记录有详记和略记的区别。

1. 详记:重大会议,详细记录。尽可能完整地记录会议上的重要发言、不同看法和争论,有条件的可采用录音、录像手段,以保证其准确和完整。最好还能记下发言者发言时的语气、动作、表情及与会者的反应,例如后面提供的会议记录的范文。

2. 略记:一般会议,简要记录。记录发言要点、结论、决议等,不必记录详细过程,如结构模板示例。

模块三　范例呈现

××区干部培训中心第×次办公室会议记录

时间:2022 年 3 月 4 日 14 : 30—17 : 00

地点:培训大楼第×会议室

出席人:刘××(主任)、杨××(教务长)、张××(教学主任)、吴××(办公室秘书)及各培训部主要负责人

缺席人:王××、张××(外出开会)、刘××

记录人:吴××(办公室秘书)

一、汇报××工作相关情况

(一)杨××报告××工作的进展情况。(略)

(二)主持人传达区人民政府《关于压缩行政经费的通知》(以下简称《通知》)。(略)

二、讨论

我中心如何按照区人民政府《通知》的精神抓好行政经费的合理开支的工作,切实做到既勤俭节约,又不影响正常的培训教学、科研等活动的开展。

三、决议

（一）利用两个半天的时间（具体时间由各培训部自己安排，但必须安排在本周内）组织有关人员集中传达学习《通知》精神，提高认识，统一思想。

（二）各培训部负责人在认真学习的基础上，利用下周政治学习时间向群众传达、宣讲。

（三）各培训部负责人根据《通知》的压缩指标，重新审查和修改本年度行政经费开支预算，并于两周内报主任办公室。

（四）各培训部必须严格控制派出参加外地会议及外出学习人员的人数，财务科更要严格把关。

（五）利用学习和贯彻《通知》精神的机会，对全中心员工普遍开展一次勤俭节约、艰苦朴素的传统教育。

散会。

主持人（签名）
记录人（签名）
2022 年 3 月 4 日

模块四　能力训练

请根据近期班上的某次班会，作会议记录，并将记录成果展示传阅。

任务七　简报

模块一　情景导入

近期，校团委要求各班组织开展感恩教育主题班会活动，并要求会后上交一份主题班会简报，班主任将写主题班会简报的任务交给了李红。李红决心一定要完成好这次任务，但却不知道从何处入手。亲爱的同学们，请你们来帮帮她吧！

模块二　知识积累

（一）简报的概念

简报是传递某方面信息的简短的内部小报，是具有汇报性、交流性和指导性特点的简短、灵活、快捷的书面形式。简报又称“动态”“简讯”“要情”“工作通”“情况反映”“情况交流”“内部参考”等。通过简报,可以将工作进展情况以及工作中出现的新情况、新问题、新经验,及时反映给各级机关,让决策机关了解情况,为其制定政策、指导工作提供参考。

简报的种类,按时间分,有定期的简报、不定期的简报:按性质分,有工作简报、生产简报、学习简报、会议简报;按内容分,有综合反映情况的简报和反映特定情况的专题简报。

(二)简报的结构和写法

1. 报头。报头由“简报名称”“期数编号”“编印单位”“编印时间”四个部分组成。简报名称,一般用套红的大号字体,标注在报头的中间位置上。期数编号,写在名称下一行正中。编印单位、编印时间写在期数编号下方的左右位置上。在下面,用一道横线将报头与报核隔开。

2. 报核。即简报所刊的一篇或几篇文章,包括标题、导语、主体、结果和穿插在叙述中的背景材料。

(1)简报的标题类似新闻的标题,要揭示主题,简短醒目。

(2)导语通常用简明的一句话或一段话概括全文的主旨或主要内容,给读者一个总的印象。导语的写法多种多样,有提问式、结论式、描写式、叙述式等。导语一般要交代清楚谁(某人或某单位),什么时间,干什么(事件),结果怎样等内容。

(3)主体用足够的、典型的、有说服力的材料,把导语的内容加以具体化。

(4)结尾或指明事情发展趋势,或提出希望及今后打算。如果主体部分已把事情说清楚,那就不必再加了。

(5)背景即对人物、事件起作用的环境条件和历史情况。背景可以穿插在各个部分。

3. 报尾。在简报最后页下部,用两条间距适度的平行横线画出,与报核隔开,在两条平行横线之内左边写明发送单位,包括报(指上级单位)、送(指平行或不相隶属的单位)、发(指下级单位),在平行的右侧写明印刷份数。有的简报则没有报尾。

(三)简报的写作注意事项

1. 抓支点即抓要害,抓主导,抓全局性、指导性的问题,抓问题的核心、关键。

2. 抓热点,热点问题更让人关注,因而引起的反响会更大。

3. 抓亮点,亮点必定是能让人眼睛一亮、为之一振的事情。

4. 抓材料,简报作为加强领导和推动工作的重要工具,内容必须保证绝对真实、准确,否则会造成不良后果。

5. 简明扼要,简报的写作必须做到简短、明快,用尽可能少的文字说清楚必须说明的问题。

6. 讲究时效,简报是单位领导对一些问题做出决策的参考依据之一,也是单位推动工作的一个重要手段,所以,简报必须讲求时效。

7. 内容实在,简报和新闻报道一样,是用现实生活中的事实来宣传党的路线、方针、政策。用事实说话,是简报的主要特征之一,也是我们编写简报应该注意的一个重要问题。

模块三　范例呈现

××职业学院简报

第 12 期

计算机广告制作高级班　　　　　　　　　　　　　　　　2022 年 11 月 16 日

感恩主题班会

11 月 16 日晚上,计算机广告制作高级班的全体同学利用晚自习时间,在本班教室开展了感恩主题班会。

一、懂得感恩,回忆成长

在班会中同学们都谈到帮助他们的朋友、家人、学校,特别是国家资助金,在他们人生最困难的时候帮助他们继续完成学业,每个获得国家资助、补助和学校帮助的同学都上台讲述了自己以前及现在获得过哪些资助,他们为什么会得到资助,他们都怎么使用资助,这些资助给他们带来了哪些帮助,帮他们缓解了什么压力。

二、懂得感恩,成长未来

俗话说“滴水之恩当涌泉相报”,而我们得到的国家资助及学校的帮助何止滴水之恩呢? 我们怎么能不知道感恩? 我们要感谢国家,感谢学校以及所有对我们有过帮助、对他人愿意伸出援助之手、助人为乐的人,谢谢他们的帮助。因为他们的帮助让我们度过了艰难岁月,成就了现在的自己。我们会把得到的帮助和支持铭记在心,用自己的实际行动回报社会。希望我们人人都拥有一颗感恩的心,去帮助有需要的人,人人充满正能量,懂得回报。

报:××职业学院团委

送:信息技术系专业各班级

发:计算机广告制作高级班全体同学　　　　　　　　　　　　(共印×份)

模块四　能力训练

请结合本班开展的主题班会,编写一份会议简报,并将这份简报打印出来,按照“报”“送”“发”的要求,交送给有关领导、班级、同学,请他们对这份简报的格式和内容作出评价。

项目四　职场文书

任务一　求职信和应聘信

模块一　情景导入

在当前竞争激烈,就业形势严峻的今天,机会总是留给主动出击的人,我们要主动推销自己,而推销自己的第一步就是给用人单位递上求职信、应聘信、简历等材料。方婷是湖南第一师范学院文秘专业的一名学生,毕业临近,她很想早日找到一份适合自己的办公室文秘工作。前段时间,她看到了某公司刊登在《长沙晚报》上的一则招聘信息,非常想获得这份工作。在老师的指导下,她向那家公司投递了一份求职信。经过筛选,她获得了面试的机会,凭着扎实的基本功和良好的综合素质,她成功地被该公司录用了。方婷求职成功的原因是什么?首先在于她制作了一份成功的求职信。

模块二　知识积累

(一)求职信和应聘信的概念

求职信是求职者写给用人单位的信,是个人为谋求职业写给用人单位,表明求职意图,希望对方了解自己、相信自己、录用自己的一种专用书信。

应聘信是指求职者根据用人单位发布的招聘广告、通知和其他相关信息,有目的地表达求职意向的信函。

(二)求职信和应聘信的特点

求职信和应聘信的特点:目的性、针对性、自荐性。

(三)求职信和应聘信的结构和写法

1. 标题。

标题处于第一行的正中,通常写成“求职信”或“应聘信”。

2. 称呼。

在第二行顶格写,写收信人或单位,注意表示尊敬。

3. 正文。

另起一行,空两格写正文,一般写求职意愿;求职理由(有针对性地作自我介绍);求职期望。

(1)写求职的原因。简要介绍求职者的情况,如姓名、性别、年龄、专业等,接着直截了当地说明从何渠道得到有关信息以及写此信的目的。

(2)对所谋求职务的看法以及对自己的能力作出客观公正的评价,这是求职信的关键,尤其要介绍自己应聘的有利条件,突出自己的优势和闪光点,才能使对方信服。写这段内容时,语言要中肯,恰到好处;态度要谦虚诚恳,不卑不亢,达到见字如见人的效果。

(3)向收信者提出希望和期盼。如“希望能为我安排一个与您见面的机会”或“盼望您的答复”或“敬候佳音”之类的语言。

(4)写上联系方式。如电话、微信等。

4. 结尾。

另起一行,空两格,写表示敬祝的话。

5. 落款。

署名及日期。

6. 附件。

含简历、身份证、毕业证、获奖证书等复印件。

(四)求职信和应聘信的写作注意事项

1. 介绍个人情况要谦虚自信,客观地介绍自己的真实情况。

2. 情感要诚恳真挚,恰如其分地表达自己的意愿。

3. 语气不能过于主观。

模块三　范例呈现

求职信

尊敬的××商业大厦经理先生:

昨日阅毕《××日报》,获悉贵公司招聘会计三名。我毕业于××财经学院会计专业,自问对于此项工作尚能胜任,故大胆投函应征。

作为一名会计学专业的学生,我热爱这个专业,并在大学四年的学习生活中为其投入了巨大的热情和精力。求学期间,我主修商业会计专业,并参加过计算机操作技能的严格训练,这使我有能力在贵公司这样一家专业化水平比较高的单位任职,能熟练运用计算机处理各种会计业务。此外,人际关系和心理学方面的训练,将有利于我与公司客户建立融洽的业务关系。我曾在××百货公司做过业余会计工作,在实践中受益匪浅,随后还在该公司任财务分析员,时间长达两个月。其他关于该项工作的任职资格,请见随信附上的个人简历。

处于人生精力最充沛时期的我,渴望在更广阔的天地里展露自己的才能,期望在实践中得到锻炼和提高,因此我希望能够加入贵公司以进一步提高自己。感谢您在百忙之中给予我的关注,给我一片蓝天,我将还您一份惊喜,我热切期盼您的回音。

此致

敬礼

求职人:×××

2021 年 9 月 3 日

应聘信

××公司人事部负责人:

您好!

从报上看到你公司招聘市场营销员的启事,我衡量了自己的条件,认为比较符合你们三个招聘条件的要求,特写信应聘。

首先,我是中专营销专业的毕业生,并在一个企业做过两年的市场营销工作,对市场比较熟悉,有一定的营销经验,如蒙录用,可以比较快地进入工作岗位,省去培训的时间;其次,我身体健康,生在农村,爬山走路都不在话下,从事营销工作,大有优势;最后,我丈夫也在城里工作,并有一间租房,因此家庭没有后顾之忧,不会给企业增添麻烦。

我对每月的工资没有过高的要求,相信只要努力工作,企业发展好了,员工的待遇一定也会提高的。

以上情况供你们录用时参考,如蒙聘用,一定努力工作,不负厚望。

此致

敬礼!

应聘人:×××

××××年××月××日

联系地址:本市××路××宿舍 201 室

电话:××××××××××

附:简历、身份证、中专毕业证书复印件各一份

模块四　能力训练

假如你即将毕业,需要应聘求职,请你根据自己的个人学业、持证数量及能力素质情况,向某公司写一封求职信。

任务二　简历

模块一　情景导入

简历,人生的第一张名片！简历是求职者的敲门砖。简历应该如何写？100份简历中有多少份是合格的？某知名IT企业HR:“不到10份。简历太长、注水太多、过分谦虚、太过花哨已成为毕业生简历中的硬伤,这往往使他们出师不利,失掉面试的机会。”精心写的个人简历,会让你的简历变得醒目,使你在众多求职者中脱颖而出。

模块二　知识积累

(一)简历的概念

简历是求职者将自己与所申请职位紧密相关的经历、经验、技能、成果等个人信息,经过分析整理并清晰简要地向招聘者表达出来的书面求职资料,也称个人简历。侧重陈述事实,将个人的教育背景、工作经历、主要成绩和专长等罗列其中,是对求职信的细化和补充。

(二)简历的特点

简历具有如下特点:针对性、显优性、真实性等。

(三)简历的结构和写法

简历的基本结构。

1. 基本数据。

把个人基本资料放在最前面,有利于人事主管一眼就看到你的简历。

2. 学历栏。

在个人基本资料之后,一般都接着写学历,但是如果学历不是你的优势,建议可以放在工作经验后再写。

3. 工作经验栏。

这部分是履历中最重要的部分,也是人事主管审核履历时最注重的一栏,要凸显自己的工作成果。

4. 履历照片。

拍照片时注意穿着。

简历的内容主要包含以下几个方面:

1. 个人基本情况。

姓名、年龄、手机号、通信地址、邮编和电子邮件地址(学历、身高、政治面貌……)。

2. 求职意向。

必须写清楚你的意向岗位,最好只写一个。给招聘者一个关于你的描述,强调你的主要经历和能力,展示你的亮点,刺激招聘者产生希望详细了解你的欲望。

3. 教育背景。

写上最高学历、专业，若在校成绩好，可填上。若专业不对口，可写上与应聘岗位比较相关的学习课程。应届毕业生可以适当筛选出与职位相关的实习经验和技能。

4. 工作经历。

从最近的工作经历开始写，只写和目标岗位相关的经历。

模块三　范例呈现

<table>
<tr><td>姓　名</td><td>张元群</td><td>应聘岗位</td><td>数控工</td><td rowspan="6">个人照片</td></tr>
<tr><td>出生年月</td><td>2004.10</td><td>学　历</td><td>中专</td></tr>
<tr><td>身　高</td><td>160 厘米</td><td>专　业</td><td>数控加工专业</td></tr>
<tr><td>资格证书</td><td>高级技工</td><td>就读学校</td><td>××市工业技师学院</td></tr>
<tr><td>籍　贯</td><td>重庆永川</td><td>联系邮箱</td><td>108×××××××@ qq. com</td></tr>
<tr><td>通信地址</td><td>重庆永川区胜利路××号</td><td>联系电话</td><td>178××××××××</td></tr>
<tr><td colspan="5"></td></tr>
<tr><td colspan="5">教育背景</td></tr>
<tr><td colspan="5">2018.09—至今　××学校，数控加工专业</td></tr>
<tr><td colspan="5">实践经验</td></tr>
<tr><td colspan="5">2020.09—2021.01　××有限公司实习</td></tr>
<tr><td colspan="5">技能证书</td></tr>
<tr><td colspan="5">高级技工证
计算机：熟练操作 Windows 平台上的各类应用软件，如：Microsoft office 等办公软件。
其他：了解基本商务礼仪</td></tr>
<tr><td colspan="5">获奖证书</td></tr>
<tr><td colspan="5">获重庆市竞赛一等奖；被评为校级“三好学生”2 次等</td></tr>
<tr><td colspan="5">自我评价</td></tr>
<tr><td colspan="5">具有很好的团队精神和沟通、协同能力；
善于查找资料，能对其进行深入的分析并提出可行性建议；
学习能力很强，具有较扎实的专业知识基础</td></tr>
</table>

模块四　能力训练

根据自己的专业和特长,写一份个人简历。

任务三　劳动合同

模块一　情景导入

某同学参加某科技园人员招聘会,一单位录用了他,合同约定试用期为 3 个月。试用期快结束时,公司决定再延长试用期 1 个月。该同学不太乐意,但对方说:“同意就留下,否则就走人。”他舍不得这份工作,但如果答应又担心风险,他该怎么办?

模块二　知识积累

(一)劳动合同的概念

劳动合同,亦称劳动契约,是指劳动者和用人单位为确立劳动关系,明确双方权利和义务而签订的书面协议。只要建立劳动关系,就要订立劳动合同。它是劳动者与用人单位建立劳动关系的重要凭证,是双方当事人明确各自权利和义务的基本形式,是劳动者用来维护自己合法权益的重要手段,是减少和防止发生劳动争议的重要措施。

(二)劳动合同的种类和特点

作为一种格式化的专用文书,劳动合同一般由官方提供范本,或由用人单位设计制作。劳动合同有三种类型,即固定期限合同、无固定期限合同和以完成一定工作任务为期限的合同。固定期限劳动合同,是指用人单位与劳动者约定合同终止时间的劳动合同,一般有一年期、二年期、三年期、五年期等。无固定期限劳动合同,是指用人单位与劳动者约定无确定终止时间,但规定了终止条件的劳动合同。以完成一定工作任务为期限的劳动合同,是指用人单位与劳动者约定以某项工作的完成为合同期限的劳动合同,如项目工程、采茶、棉花采摘等。

劳动合同具有如下特点:

第一,强制性。合法的合同一经签订,即具有法律效力。劳动者与用人单位都为对方负有义务,这种义务又是实现对方相应权利的保证。双方必须亲自履行,不能代理和继承。

第二,平等性。在劳动合同的订立阶段,劳动者与用人单位的法律地位是平等的,自愿签订,一方不得将自己的意志强加给另一方。

第三,隶属性。合同签订后,进入合同履行阶段,劳动者在身份上、组织上、经济上从属于用人单位。当然,前提是用人单位必须依法行使管理权。

第四,有偿性。即劳动者向用人单位提供劳动并取得报酬。

(三)劳动合同的结构和写法

劳动合同一般由标题、首部、正文、签署四部分组成。

1. 标题。

以文种名“劳动合同”为题。

2. 首部。

写明合同的类型、签约双方当事人的基本情况,即用人单位名称、地址、电话、法定代表人;劳动者的姓名、住址、户籍地址、电话、居民身份证号码或其他有效证件号码等。

3. 正文。

主要是明确签约各方的具体权利和义务。根据《中华人民共和国劳动法》的规定,劳动合同的内容可分为法定条款和约定条款两部分。

(1)法定条款。即《中华人民共和国劳动法》《中华人民共和国劳动合同法》规定劳动合同必备的条款,具体包括:

①劳动合同期限;

②工作内容和工作地点;

③工作时间和休息休假;

④劳动报酬;

⑤社会保险;

⑥劳动保护、劳动条件和职业危害防护;

⑦法律、法规规定应当纳入劳动合同的其他事项。

(2)约定条款。即劳动合同双方当事人之间自愿协商规定的关于各自权利义务的条款,如双方可以自行约定最长为半年的试用期,约定保守用人单位商业秘密事项,约定未尽事宜的处理方式、合同份数、是否需要公证或有关主管部门批准等。

4. 签署。

包括双方签字、盖章、合同签订日期和附件等,附件视实际情况而定。

(四)劳动合同写作的注意事项

1. 利益的均衡性。劳动合同双方当事人是平等的主体,其订立的条款应当是互惠互利的。因此,起草人应顾及对方的利益,而不能只考虑本方的利益。

2. 内容的合法性。它包括劳动合同订立人的资格、订立程序、形式、内容、履行、变更和解除等项必须合法,这是对劳动合同的最根本要求。凡违反法律、行政法规的劳动合同,采取欺诈、威胁等手段订立的劳动合同,均是无效劳动合同。无效的劳动合同从订立时起,就没有法律约束力。

3. 语言表达的严谨性。劳动合同对签约各方都具有法律约束力,签订劳动合同是一项非常严肃的工作。劳动合同的核心内容就是详尽、准确地写明双方的权利、义务和违约责任,对语言表达的要求非常高。在同一份劳动合同中,同一意思必须使用同一词语来表达,不能出现前后不一致甚至互相矛盾的情况,如前面写“甲方”后面写成“某人”等。措辞用字应力求准确、简洁,避免产生歧义,防止发生纠纷。

4. 格式的规范性。如首部的写法,正文前言的“依法协商”“自愿签订”等语句,还有签署部分的写法等,都要遵照一定的格式。

5. 书面的整洁性。根据《中华人民共和国劳动法》的规定,劳动合同应当以书面形式订立,以口头形式达成的劳动合同,一般应按无效劳动合同处理。签订合同应使用钢笔或毛笔,书写要清楚,正确使用标点符号,数字要大写,不得随意涂改原文。如必须修改,须经双方同意,并在修改处盖上双方印章并签字,否则,视为无效合同。

模块三　范例呈现

劳动合同书

(适用全日制单位)　　编号:____________

签约须知

1. 用人单位和劳动者应保证向对方提供的与履行劳动合同有关的各项信息真实、有效。

2. 有下列情形之一,劳动者提出或者同意续订、订立劳动合同的,除劳动者提出订立固定期限劳动合同外,应当订立无固定期限劳动合同:(一)劳动者在该用人单位连续工作满十年的;(二)用人单位初次实行劳动合同制度或者国有企业改制重新订立劳动合同时,劳动者在该用人单位连续工作满十年且距法定退休年龄不足十年的;(三)连续订立二次固定期限劳动合同,且劳动者没有《劳动合同法》第三十九条规定的情形,续订劳动合同的。

3. 除提供专项培训费用约定服务期和竞业限制的人员两种情形外,用人单位不得与劳动者约定由劳动者承担违约金。

甲方(用人单位)名称:____________________

单位住所:__________________________

法定代表人:________________________

联系电话:__________________________

邮政编码:__________________________

乙方(劳动者)姓名:______________________

户籍所在地:________________________

现居住地址:________________________

身份证号码:________________________

联系电话:__________________________

邮政编码:__________________________

根据《中华人民共和国劳动法》《中华人民共和国劳动合同法》及相关法律法规、规章的规定,甲乙双方遵循合法、公平、平等自愿、协商一致、诚实信用的原则订立劳动合同。

一、劳动合同期限

第一条　本劳动合同期限经双方协商一致,采取下列第______种形式:

(一)固定期限:自______年__月__日起至______年__月__日止。其中,试用期自______年__月__日至______年__月__日。

(二)无固定期限:自______年____月__日起,到法定的终止条件出现时止,其中,试用期自______年__月__日至______年__月__日。

(三)以完成一定工作任务为期限:自______年__月__日起至______年__月__日止。

二、工作内容和工作地点

第二条　甲方根据工作岗位的实际需要,安排乙方从事________工作,工作地点____。

甲乙双方可以签订岗位协议书,约定岗位具体职责和要求。

第三条　乙方应按照甲方安排的工作内容及要求,认真履行岗位职责,按时完成工作任务,遵守甲方依法制定的规章制度。

根据甲方的工作需要,经甲乙双方协商一致,可以变更工作内容。

三、工作时间和休息休假

第四条　甲方安排乙方执行__________________工时工作制。

(一)标准工时工作制:乙方每日工作不超过八小时,平均每周不超过四十小时。

(二)综合计算工时工作制:平均日和平均周工作时间不超过法定标准工作时间。

(三)不定时工作制:甲方在保障职工身体健康并充分听取职工意见的基础上,应采用集中工作、集中休息、轮休调休、弹性工作时间等适当方式,确保职工的休假权利和生产、工作任务的完成。

实行综合计算工时或者不定时工作制的,由甲方报劳动保障行政部门批准后实行。

第五条　甲方依法保证乙方的休息权利。乙方依法享受法定节假日以及探亲、婚丧、计划生育、带薪年休假等休假权利。

第六条　甲方严格执行劳动定额标准,不得强迫或者变相强迫乙方加班。确因生产经营需要,经与工会和乙方协商后可以延长工作时间,一般每日不超过一小时。因特殊原因需延长工作时间的,在保障乙方身体健康的条件下,延长工作时间每日不超过三小时,每月不超过三十六小时。

四、劳动报酬

第七条　甲方结合本单位的生产经营特点和经济效益,依法确定本单位的工资分配制度。乙方的工资水平,按照本单位的工资分配制度,结合乙方的劳动技能、劳动强度、劳动条件、劳动贡献等确定,实行同工同酬。

第八条　甲方按下列第________种形式支付乙方工资。

(一)计时工资。乙方的工资标准为____元/月(周),绩效工资(奖金)根据乙方实际劳动贡献确定。

（二）计件工资。乙方的劳动定额为______，计件单价为______。

（三）按照甲方依法制定的工资分配制度确定。

乙方在试用期期间的工资标准为________。

第九条 甲方于每月_____日前以货币或银行转账的形式足额支付乙方工资。如遇节假日或休息日，应提前到最近的工作日支付。

甲方应书面记录支付乙方工资的时间、数额、工作天数、签字等情况，并向乙方提供工资清单。

第十条 甲方安排乙方延长工作时间或者在休息日、法定节假日工作的，应依法安排乙方补休或者按照国家相关规定向乙方支付加班工资。

五、社会保险和福利待遇

第十一条 甲乙双方必须按照国家和地方有关社会保险的法律、法规和政策规定参加社会保险，依法缴纳各项社会保险费。其中，乙方负担的部分由甲方负责代扣代缴。

第十二条 乙方在劳动合同期限内，休息休假、患病或负伤、患职业病或因工负伤、生育、死亡等待遇，以及医疗期、孕期、产期、哺乳期的期限及待遇，按相关法律、法规的规定执行。

第十三条 甲方为乙方提供以下补充保险和福利待遇：____。

六、劳动保护、劳动条件和职业危害防护

第十四条 甲方建立健全生产工艺流程和安全操作规程、工作规范和劳动安全卫生、职业危害防护制度，并对乙方进行必要的培训。乙方在劳动过程中应严格遵守各项制度规范和操作规程。

第十五条 甲方为乙方提供符合国家规定的劳动安全卫生条件和劳动工具及必要的劳动防护用品。安排乙方从事有职业危害作业的，定期为乙方进行健康检查。

第十六条 甲方对可能产生职业病危害的岗位，应当向乙方履行如实告知的义务，并对乙方进行劳动安全卫生教育，预防劳动过程中的事故发生，减少职业危害。

第十七条 甲方违章指挥、强令冒险作业，危及乙方人身安全的，乙方有权拒绝。乙方对危害生命安全和身体健的劳动条件，有权对用人单位提出批评、检举和控告。

七、劳动合同的履行、变更

第十八条 甲乙双方按照本劳动合同的约定，依法、全面履行各自的义务。

第十九条 甲方变更名称、法定代表人、主要负责人或者投资人等事项，不影响本劳动合同的履行。

第二十条 甲方发生合并或者分立等情况，本劳动合同继续有效，由承继甲方权利和义务的单位继续履行。

第二十一条 经甲乙双方协商一致，可以变更本劳动合同约定的内容，并以书面形式确定。

八、劳动合同的解除、终止

第二十二条　甲乙双方解除、终止本劳动合同，应当按照《劳动合同法》第三十六条、第三十七条、第三十八条、第三十九条、第四十条、第四十一条、第四十二条、第四十三条、第四十四条的规定进行。

第二十三条　甲乙双方解除、终止本劳动合同，符合《劳动合同法》第四十六条规定情形的，甲方应依法向乙方支付经济补偿。

第二十四条　甲方违法解除或者终止本劳动合同，乙方要求继续履行本劳动合同的，甲方应当继续履行；乙方不要求继续履行本劳动合同或者本劳动合同已经不能继续履行的，甲方应当依法按照经济补偿金标准的二倍向乙方支付赔偿金。

乙方违法解除劳动合同，或者违反劳动合同中约定的保密义务或者竞业限制给甲方造成损失的，应当承担赔偿责任。

第二十五条　解除、终止本劳动合同时，甲方应当依据有关法律法规等规定出具解除、终止劳动合同的证明，并在十五日内为乙方办理档案和社会保险关系转移手续。

乙方应当按照双方约定，办理工作交接。应当支付经济补偿的，在办理工作交接时支付。

九、其他事项

第二十六条　甲方为乙方提供专项培训费用，对其进行专业技术培训，双方可以订立专项协议，约定服务期。

乙方违反服务期约定的，应当按照约定支付违约金。

第二十七条　乙方负有保密义务的，双方可以订立专项协议，约定竞业限制条款。

乙方违反竞业限制约定的，应当按照约定支付违约金。给用人单位造成损失的，应当承担赔偿责任。

第二十八条　以下协议作为本劳动合同的附件：

1. 岗位协议书

2. 培训协议书

3. 保密协议书

……

第二十九条　双方约定的其他事项：______________________________。

第三十条　甲乙双方因履行本劳动合同发生劳动争议，可以协商解决。协商不成的，可以依法申请仲裁、提起诉讼。

第三十一条　本劳动合同未尽事宜，按国家和地方有关规定执行。

第三十二条　本劳动合同自甲乙双方签字或盖章之日起生效。本合同一式二份，甲乙双方各执一份。

甲方（公章）____________________　　　　乙方（签字）__________

法定代表人____________________

签字日期：______年__月__日　　　　签字日期：______年__月__日

模块四　能力训练

阅读下面的劳动合同，请你指出合同条款的不妥之处，并改正。

××有限公司（以下简称公司）与______________（先生/女士，以下简称员工）双方经友好协商，本着平等自愿的原则，一致达成下列条款：

（1）试用期 12 个月。

（2）工作时间规定为 8 小时，需加班时必须加班。

（3）按劳取酬，最低 500 元。

（4）如违反公司规章制度，即解约（包括迟到一次）。

（5）如员工表现好，可提前结束试用。

（6）其他事项，依法律规定处理。

本合同一式两份，双方各执一份，自签订之日起生效。

公司：____________________　　　　员工：____________________

代表：____________________　　　　身份证号：________________

地址：____________________　　　　地址：____________________

任务四　创业计划书

模块一　情景导入

某著名风险投资家曾说过："如果你想踏踏实实做一份工作的话，写一份商业计划，它能迫使你进行系统的思考。有些创意可能听起来很棒，但是当你把所有的细节和数据写下来的时候，自己就崩溃了。"那么，创业计划书要如何写，怎么写才能吸引人？需要描述经营的是什么行业，卖的是什么产品（或服务），谁是主要的客户，目前市场情况怎么样，竞争是否激烈，是个人独资、合伙经营还是有限公司的形式，需要多少钱的投资，盈利空间多大，目前进展到什么阶段，有什么样的经营管理措施等。

模块二　知识积累

（一）创业计划书的概念

创业计划书是详细描述所要创办的企业方方面面情况的书面方案，是阐述产品市场及竞争、风险等未来发展前景和融资要求的书面材料，它既是写给自己看的，也是写给投资人看的。

（二）创业计划书的特点

创业计划书的特点：经济性、可行性、针对性。

(三)创业计划书的结构和写作要领

创业计划书一般包括:封面、摘要和目录、企业概况、创业者个人情况、市场评估和预测、生产管理计划、市场营销计划、固定资产、财务规划、风险与风险管理、附录十一个方面。

1. 封面。

封面内容包括企业名称、创业者姓名、日期、地址与多种联系方式。设计要简明、美观,给人最初的好感,形成良好的第一印象。

2. 摘要和目录。

摘要是创业者最后写的一部分内容,却是放在最前面的、出资人最关心的内容,它是创业计划书浓缩了的精华。

3. 企业概况。

对公司总体情况作出概要介绍。

(1)公司名称。

(2)业务范围和企业法律形态:业务范围是经营的范围和权限;企业法律形态是指企业在法律上的表现形式。

(3)法定代表人。

(4)企业组织机构与人员。

(5)企业性质。

(6)经营理念与战略目标。

(四)创业者个人情况

1. 自然情况。

2. 教育背景。

3. 相关经验背景。

(五)市场评估和预测

市场评估是指对特定市场环境、市场规模、竞争对手、消费者行为和潜在机会进行全面分析的过程,旨在为企业制订营销策略和决策提供依据。

市场预测主要包括市场需求及趋势预测、竞争格局预测。

(六)生产管理计划

使用文字或表格的形式,对技术、产品(服务)做出详细准确的说明,注意要通俗易懂,使非专业人员的投资人也能明白。

(七)市场营销计划

1. 概述营销计划(区域、方式、渠道、预估目标、份额)。

2. 销售政策的制定。

3. 分销渠道和方式、行销环节和售后服务。

4. 主要业务关系状况、各级销售商业务状况。

5. 销售队伍情况及销售福利分配政策。

6. 促销和市场渗透,说明主要促销方式、广告策略、公共策略、媒体评估等。

7. 产品价格方案。

8. 销售资料统计和销售记录方式,销售周期的计算。

9. 市场开发规划、近期和中期销售目标、1~3年预估销售额、市场占有率及计算依据。

(八)固定资产

以表格的形式,分门别类开列土地、厂房、店铺、生产工具和设备设施、办公家具和设施、交通工具、固定资产折旧概要等核算项目。

(九)财务规划

财务规划一般包括资金需求说明、资本结构、资金来源和使用计划及进度、投资抵押和担保、财务数据预测,其中重点是财务数据预测。

(十)风险与风险管理

如公司在资源、经营管理、市场、竞争、财务、技术研发等方面,都有哪些基本的风险。

(十一)附录

模块三　范例呈现

新型汽车用防滑链创业计划书

第一部分　项目介绍

项目名称:新型汽车用防滑链

项目领域:制造业类

项目投资:约60万元

法人代表:孙波

项目概况:

(一)项目背景

防滑链是一种具有防滑功能的车轮用链条。在冰雪路面行驶,车辆很容易发生打滑事故,为降低事故的发生,许多车主都会给汽车加装防滑链,利用防滑链条特制的粗糙表面增大与路面的摩擦力,有效保证驾乘安全。据智研咨询网对中国车用防滑链市场战略的咨询、研究,预计未来5年,车用防滑链市场规模将达到50亿元左右,其中出口额从2015年的3.5亿元到2019年的5.2亿元,同比增长48.5%。经调查,目前市场上常见的防滑链有两种:一种是罩状,另一种是交叉安装的几根链条,现有的两种防滑链都存在安装不便、抓地能力不够强的缺点,而且安装现有防滑链后车轮存在行驶颠簸的现象,非常影响驾驶体验。

(二)项目开展情况

为解决市场上汽车防滑链主流产品存在的不足,满足日益旺盛的需求,我们一群热爱汽车的小伙伴在2020年10月成立了团队,对接汽车后市场,历经3个月的时间,开发出一款新型汽车用防滑链,并在2021年3月提交了该新型防滑链的专利申请书。目前,正在积极调研,筹备资金,计划组建合伙人有限责任公司。团队成员秉承工匠精神,努力钻研技术、技能,同时带动身边同学投身技术一线,增强职业意识,共同提升职业竞争力。

(三)企业愿景

立足汽车后市场,做安全出行护航者!

第二部分　市场分析

(一)市场现状

随着经济社会的发展,汽车保有量逐年递增,我国汽车防滑链行业目前仍处于成长发展阶段,市场的产品从最开始的铁链,到现在的牛皮筋、橡胶材质链条,消费者在追求安全的同时,产品逐步向方便化、个性化发展,防滑链行业起点低、竞争小、规模大、效益好,具有较好的发展前景。

(二)产品市场调查分析

由于我们的产品是一种新型产品,与市场上现有产品有些区别,在产品功能和效果上明显好于竞争对手,但产品没有知名度,产品一旦投入市场,需加大宣传力度,才能取得良好效果。

调查报告主要从防滑链市场需求分布和该新型防滑链接受度可行性两个方面进行,从调查结果可以得出,被调查者对新型防滑链还是比较认可,且产品的大部分客户集中于冬季气温较低的区域。相信本产品面世以后会得到市场认可和消费者的青睐。

(三)目标顾客描述及竞争对手分析

1. 目标顾客描述。

本产品顾客人群广泛,所有乘用车、商用车驾驶员都属于目标客户,但本产品受地域和季节气候影响,每个地区需求量不一样。

2. 竞争对手分析。

通过市场调查,我将对本产品与市场上常见两种产品进行分析。本项目优势、劣势分析表如下:

项目名称	现状	优势	劣势	市场占有率
交叉安装防滑链	部分低端车型或者商用车在使用	价格便宜	防滑效果最差	25%(目前)
罩状防滑链	中、高端车型使用	①外观相对铁链更美观; ②舒适性相对铁链更好	①价格贵; ②安装不方便; ③低温下容易断裂	60%(目前)
新型防滑链	处于开发阶段	①价格适中; ②安装便利; ③抓地效果好; ④材质耐低温(−40 ℃以下)	暂未使用推广	30%(预计今后市场)

综上所述,我公司的产品优势远大于劣势,只要做好前期宣传和市场推广,市场潜力巨大,值得投资。

第三部分　成本预算

根据前期市场调研,生产该新型防滑链,我们需在工业园区租一间厂房,租金 2 000 元/月,前期装修预计 37 000 元。要保障预测产能,需购置生产设备 2 台,购买设备费用预计 30 万元;购置办公器材、消防器材 3 万余元;购置一台车辆计划 10 万元;开办企业市场调查、技术咨询、培训费等预计 20 000 元。具体投资费用如下表所示:

项　目	费用(元)
购置设备和家具:	
生产设备(2 台)	300 000
厂房租金/年	24 000
桌椅	4 000
消防器材	300
办公家具	5 000
工具及配件	5 000
购置交通工具:	
运输车辆	100 000
购置电子设备:	
电脑	10 700
开办费:	
市场调查费、咨询费	10 000
培训费、技术资料费	10 000
其他投入:	
前期装修、改造	50 000
投资总额	519 000

第四部分　市场风险分析

1. 同行业竞争风险。

2. 服务质量会带来风险。由于员工的水平不一样,服务质量也不一样。

第五部分　人员机构配置

职员及岗位职能说明:

罗冰(董事长):负责本创业项目计划整体构思、创业计划提纲与体系确定、书写工作的分配,代表创业团队进入董事会,参与公司重大问题的决策。

冯勇(总经理兼财务部长):能够对本公司的财务运作作出实际的统筹规划。

唐跃辉:现任重庆××新能源汽车科技有限公司首席技师,高级技师,高级工程师。在项目设计、创业申报书的申报中就公司成立以及运作所涉及的专业知识等进行了指导。

周莉:会计专业毕业,会计师。对公司的企业管理和财务分析指出了切实可行的方案和运行制度。

赵应多:曾在汽车企业工作五年,有丰富的汽车生产制造经验,获得实用新型专利 2

个,2020 年指导学生参加“重庆市第四届渝创渝新中华职业教育创新创业大赛”获二等奖,对本次创业计划书的修改完善,进行了宏观的指导。

第六部分　市场营销策略

(一)产品策略

新型防滑链,主要应用于汽车防滑的技术领域,包括防滑垫、连接条一、连接条二、收紧杆及收紧带,其中,防滑垫设有五个并等间隔分布,连接条一、连接条二都是 X 型结构,对应分布于相邻两个防滑垫之间,外侧均匀安装有防滑钉,收紧杆分布于连接条二的前后两侧,收紧杆用于将外端两个防滑垫的相互靠拢;收紧带挂放于所有的挂钩上。该防滑装置具有设计巧妙、结构合理、装拆方便及防滑耐用的特点。

(二)价格策略

通过前期市场调查,根据选配材质及样式的不同,铁链式防滑链零售价格为 168 ~ 258 元/条,两轮驱动的车需要 336 ~ 516 元。罩状式防滑链零售价格在 238 ~ 338 元/条,两轮驱动的车需要 476 ~ 676 元。

以生产 800 件/月为例计算成本价格,然后确定批发价格与零售价格。按照 40% 的成本利润率制定销售价格:不含增值税出厂价为 165.2 元/件,含增值税的出厂价格单价为 170.1 元/件,建议零售价格为 204 元/件。经过计算可知本产品在现有市场上具有明显的价格优势。

(三)营销计划

1. 市场定位。

公司的这款产品单位成本价格 118 元/件,含增值税出厂价格 170.1 元/件,按 20% 零售利润计算,预计市场价格定位在 204 元/件,与竞争对手相比,技术更新,功能较齐全,价格适中。我们将通过销售员走访宣传、广告等宣传途径来打开市场。本产品具有明显优势,我们能迅速占领部分市场份额。随着人们安全意识的提高,本产品就是他们不错的选择,随着市场对本公司产品的认可,我们将迅速发展壮大。

2. 扩展计划。

公司创建初期需要 60 万元的资金支持,资金来源为团队投资 50 万元、指导教师投资 10 万元、学校免费赞助路试车辆,这笔资金将用于公司办公和相关设施的添置、人员聘用、前期的市场开拓以及正常的生产和经营运转,按照预计这些投资在 1 年的时间内可全部收回。在形成市场效应的基础上,我们将与各汽车维修企业定向合作,扩大生产规模和品牌影响力。

在形成市场效应的基础上,我们将招地区代理来管理、拓展该地区的市场以完成我们的扩张计划,将我们公司的服务推广到各个地区,我们还将采用一系列的优惠措施来吸引众多的代理商。

第七部分　财务筹划

(一)流动资金(月)

(二)销售收入预测

(三)销售与成本计划

(四)现金流计划

附件 公司章程

模块四 能力训练

请你到学校附近一家你最熟悉的店铺做调研,从创业计划书要素的角度对其经营情况进行简要分析。

任务五 述职报告

模块一 情景导入

小明进入技工院校后,乐于助人,表现积极,工作能力强,被选为网络部的一名干部。这学期末,班主任让小明写一份述职报告,以总结经验和教训,提高自己的能力,让其他同学学习一下先进经验。可小明以前从没写过述职报告,这份述职报告该怎么写呢?

模块二 知识积累

(一)述职报告的概念

述职报告是党政机关、人民团体、企事业单位的干部,向主管领导部门、人事部门或选区的选民,或本单位的职工群众,陈述自己在一定时期内工作实绩、问题和设想的自我述评性的报告文书。这是促进和监督干部忠于职守,组织、人事部门正确选拔任用干部、考核干部,克服用人上、看人上的主观主义、官僚主义,提高干部的政策、思想水平的有效工具。述职报告是一种新兴、常用的事务文书。

(二)述职报告的特点及种类

述职报告的主要特点:自述性、自评性、报告性等。

自述性,就是要求报告人,自己述说自己在一定时期内履行职责的情况。因此,必须使用第一人称,采用自述的方式,向有关方面报告自己的工作实绩。

自评性,就是要求报告人,依据岗位规范和职责目标,对自己任期内的德、能、勤、绩等方面的情况,作自我评估、自我鉴定、自我定性。

报告性,就是要求报告人,明白自己的身份,放下官架子,以被考核、接受评议和监督的人民公仆的身份,履行职责做报告。

述职报告的分类:从内容上划分为综合性述职报告、专题性述职报告、单项工作述职报告;从时间上划分为任期述职报告、年度述职报告、临时性述职报告;从表达形式上划分为口头述职报告、书面述职报告。

(三)述职报告的结构和写法

1. 标题。

常见的述职报告的标题有下列几种形式：

(1)单由文种构成，如“述职报告”，这是最常见的一种标题形式。

(2)由“任职时间+文种”构成，如“2022 年年度述职报告”。

(3)由“姓名+任职时间+文种”构成，如“××2022 年述职报告”。

(4)由“职务名称+姓名+文种”构成，如“学院院长××的述职报告”

2. 称谓。

述职报告的称谓有以下两种写法：

(1)公开向领导或群众作口头述职报告，应用一般性的称谓，如“各位领导”“同志们”等。

(2)向上级领导机关呈送的书面述职报告，应按照公文写作的规范格式，在标题的下面另起一行顶格写明主送机关，如“××市委组织部”等。

3. 正文。

(1)引言。简要介绍任职概况、述职者的身份、任职时限、岗位职责、工作主要情况和总体自我评价等。段尾用转接语过渡到下文，如“根据××的要求，现将本人任×××期间的工作情况报告如下”。

(2)主体。一般围绕岗位责任目标，结合上级对本次述职的要求，主要从德、能、勤、绩、廉几个方面，逐一陈述自己的主要成绩、缺点及对今后工作的设想、意见和建议等。

德：主要指述职人的政治思想素质，对党和国家的路线、方针、政策、法规和上级指示的贯彻执行情况，个人的道德品质、职业道德、工作态度与作风，事业心及团队协作精神等。

能：主要指述职人完成指定工作的能力，包括组织能力、协调能力、分析解决问题能力、决策能力及开拓创新能力等。

勤：主要指述职人的组织纪律性、出勤情况和工作效率等。

绩：主要指述职人为履行岗位职责必须采取的措施、决策，解决了什么问题，取得的成绩经验等，这是述职报告的重点，必须详细具体。

廉：主要指述职人任职期间的廉洁自律情况等。

(3)结尾。述职报告的结尾一般用报告结尾即可，如“以上述职，请予审查”“欢迎领导及同事批评指正”“谢谢大家”等。

4. 落款和日期。

模块三　范例呈现

网络部部长述职报告

当前阶段的工作已基本接近尾声，我作为网络部的一名干部，带领网络部成员一起完成了团委及主席团安排给我们的各项任务，下面是我的述职报告：

一、网络部的主要工作

协助其他兄弟部门开展工作。我和部门成员参与晚会的现场布置,协助体育部举办运动会、协助学科部举办辩论赛,并在团委和主席团的领导下圆满完成了大学生艺术团专场演出晚会和报告会的举办。并及时为兄弟部门的各项活动上传通知和新闻到学校团委网站上,让更多的人及时了解学生会的各项活动的动向。

开学之际我和学长们一起去汽车站接新生,并积极地做好后勤工作,热情接待家长和同学们,虚心回答学弟学妹们提出的各种问题,力所能及地为他们提供帮助。军训开始后,我和网络部其他成员积极准备招纳新一届成员,在积极的宣传动员下,今年报名参加网络部的新生共有 30 人,比去年增加一倍。经过严格的选拔,最终有 7 名表现出色的大一新生幸运地留下来了。但是很遗憾,有 1 个干事在加入网络部不到两星期就退出了,为此,我和部门内其他干事增加交流,多与他们谈心,到目前为止没有再次出现想要退出的干事。而且现在他们的工作热情也得到了进一步提高,积极地完成了我们给他们安排的每一项工作。

二、工作心得

马上就要换届了,心里难免有些紧张,虽然觉得自己工作做得还是可以,但是难免有一些疏忽和做得不好的地方。对于换届我还是有些自己的想法,谁都想在更高的位置展示自己的能力和才华,但是我觉得位置不重要,只要自己能在自己的位置上真正地做好每一件事,做实事,真正能够做到在其位、谋其职,那就够了。我相信,是金子,在哪都可以发光!

三、今后的规划

在网络部也待了一年多了,回顾这一年多的经历,我感到既充实,又欣慰。我和这里的同学、同事一起学习工作,不仅增进了了解,沟通了感情,建立了友谊,也获得了许多有益的启示,工作能力也得到了一定的提高。就这一年多的工作来说,我觉得有所得也有所失,今后要继续提高认识水平,特别是对工作中可能出现的问题和困难,要注重从总体上把握,增强工作的预见性和主动性,时刻保持清醒的头脑和强烈的忧患意识。要提高工作效率,也要防止急于求成。对各项工作要充分尊重现实,体现层次性,区别对待,循序渐进,注意把握规律性。要更加严于律己,对工作总体上要高标准、严要求,在一些具体问题上要求新求细求精,以身作则,要注重发挥好、保护好大家的积极性,营造出一种生机勃勃的良好氛围。

总之,作为一个部长,要努力做到围绕中心,服务大局;勤于沟通,加强协调;联系老师,关心同学;加强学习,努力创新;站好位置,选准角度;发扬传统,发挥特长。努力做到腿要快、手要勤、脑要灵、嘴要严、不越位、不失职,努力开创网络部工作的新局面。

网络部是一个很锻炼人的地方,我们学会了如何更乐观地面对压力。这为我们以后面对社会增添了一个筹码,不管前面的路多么艰辛,我都将一如既往,继续努力,不断提升自我、完善自我,把网络部工作做得更好。

模块四　能力训练

请为你班班长拟写一篇述职报告,述职报告要回顾在过去的一个学期中的主要成果及存在的问题，并说出工作心得和下一步计划。

任务六　辞职信

模块一　情景导入

每个人的职业生涯都不是一帆风顺的，有的时候，我们会因为各种各样的原因想要辞职。但是在辞职之前不要意气用事，也不要仓促行动，要三思而后行。

小王是一家公司的职员，同时他又去面试了另一家公司，各方面条件、待遇都比现在这家公司好，也更有发展空间。经过再三考虑后，小王决定辞掉现在这份工作。请问：他应该怎么辞职呢？需要提前提出辞职意愿吗？是口头表达还是书面表达辞职意愿呢？

模块二　知识积累

(一)辞职信的概念

辞职信，也称辞职书或辞呈，是辞职者向工作单位辞去职务时写的书信，是辞职者在辞去职务时的一个必经程序。员工离开单位，一般要提前30天向单位递交正式的辞职信。

辞职信具有一定的法律效力，会对劳动关系结束的性质、双方的责任划分产生重要影响。在写辞职信时，员工应慎重考虑，三思而后行。

(二)辞职信的特点

1. 意图明确。

写辞职信的目的就是要告知用人单位自己辞职的意愿。除法律、法规和另有规定的以外，无须得到批准，这就决定了辞职信的写作意图应该准确、明白。

2. 语气委婉。

虽然辞职信应该明确表意，但行文语气应委婉，注意礼貌得体。

(三)辞职信的结构和写法

1. 标题。

辞职信在第一行正中写上文种的名称，即以“辞职信”为标题。标题要醒目，字体稍大。

2. 称谓。

在标题下一行顶格书写接受辞职信的单位或组织的名称，或领导人的姓+职务，并在称呼后加冒号，注意恰当地使用尊称。

3. 正文。

正文是辞职信的主体部分。

首先，提出辞职的意愿，表明辞职态度。直接说明自己要辞去什么职务，并请求批准。

其次，说明辞职的原因。该项内容要求将自己有关辞职的详细情况一一列举出来，但要注意内容的单一性和完整性，分条陈述可使人一看便知。

最后，表明自己提出辞职的决心，提出个人的具体要求及希望领导批准等。同时要表示感谢，感谢对方对自己过去工作的支持和帮助，并诚恳地希望对方谅解自己的辞职行为。

4. 结语。

辞职信结尾要写上表示敬意的话，如“此致”“敬礼”“祝工作愉快”等。

5. 落款。

辞职信的落款要写明辞职人的姓名及提出辞职的具体日期。

(四)辞职信写作的注意事项

1. 抓住关键点。

在辞职信的开头要开门见山，直接表明自己辞职的意图，并说明自己辞职的原因是工作原因还是个人原因，如搬迁到其他城市等。

2. 说明劳动合同终止日期。

辞职信要说明劳动合同终止日期，一般来说，应该在合同终止前一个月以上提出辞职。

3. 措辞得体。

在辞职信中要表现出恳切的态度，措辞委婉，向领导表示感谢，并表达歉意。

模块三　范例呈现

范例一

辞职信

尊敬的×经理：

您好！

非常荣幸能加入咱公司这个大家庭，在这里工作三年多，我有幸得到了单位领导及同事们的倾心指导及热情帮助，非常感激！在工作上，我学到了许多宝贵的经验和技能。这些宝贵经验将是我今后学习、工作中的一笔珍贵的财富。在这里，特别感谢您一直以来的关照、对我的信任和在人生道路上的指引。感谢所有给予我帮助的领导和同事们。

但是，我发现自己在工作中还欠缺很多知识，不能很好地适应社会发展的需要，因此，我一直渴望回到校园继续深造。经过再三慎重考虑之后，特此提出辞职申请：我自愿申请辞去在公司的一切职务。

望领导批准我的请求，并请协助办理相关离职手续。在正式离开之前，我将继续认真做好本职工作，并做好与相关人员的交接工作。

祝您身体健康,工作顺利！祝公司事业蒸蒸日上！

×××

××××年××月××日

范例二

辞职信

尊敬的公司领导:

您好!

很遗憾这个时候向您提出辞职。来到这里也一年多了,公司的气氛就和一个大家庭一样,大家都给了我关心、指导和信任,使我获得了很多机遇和挑战。在这里工作,我收获颇丰,对此我深表感激。

由于我自身的原因,越来越不能胜任目前的工作,在过去一段时间里的表现不能让自己满意,也感觉没有为公司做出什么贡献,深感到自身能力的欠缺。我考虑了很久,想换一个环境来磨砺自己。

人需要不断地发展、进步、完善。我也一直在努力改变,变得适应环境,以便更好地发挥自己的作用。您平时对我们说的,年轻人就要充满朝气,对自己的人生有一个合理的规划,去追寻理想,也许会经历很多的困难,但要脚踏实地地去做自己力所能及的事。所以我想去寻找自己理想的职业,并作为一生的追求,为之奋斗。非常感谢您在这段时间里对我的教导和照顾,在公司的这段经历于我而言弥足珍贵。无论什么时候,我都会为自己曾经是公司的一员而感到荣幸。

为了不因为我个人的原因而影响公司正常的工作进度,在辞职前我会尽力做好目前的工作,给您带来一定程度上的不便,对此我深表歉意,我会在这段时间里完成工作交接。

所以,经过自己慎重考虑后,现提出辞职,望公司给予批准,十分感激!

此致

敬礼

辞职人:×××

××××年××月××日

模块四　能力训练

1. 假设你是某公司的职员,因为工作的原因想辞职,拟写一封辞职信。要求格式规范,内容完整,措辞得体。

2. 小刘是某公司的销售人员,因为个人原因,想去高校继续深造,所以要辞掉这份工作,请你帮小刘拟写一封辞职信。

项目五　宣传文书

任务一　新闻

模块一　情景导入

有了新闻写作,才使现代新闻传播不会像口头新闻传播那样随风而逝,正是因为有了新闻写作,人类的新闻传播才有了文字上的意义,不再是口耳相传的原始新闻传播。

2022 年学校评选的最新校园十佳标兵名单产生,你能采访其中一位校园十佳标兵并撰写一篇报道他的新闻稿件吗?

模块二　知识积累

(一)新闻的概念

新闻的概念有广义与狭义之分,就其广义而言,除发表于报刊、广播、互联网、电视上的评论与专文外的常用文本都属于新闻之列,包括消息、通讯、特写、速写(有的将速写纳入特写之列)等,狭义的新闻则专指消息,消息是用概括的叙述方式,以较简明扼要的文字,迅速及时地报道国内外新近发生的、有价值的事实,让别人了解。

事实是新闻的本源,是第一性的。事实要成为新闻,必须通过一个中间环节——报道,新闻所报道的事实是新近发生的。

(二)新闻的种类和特点

新闻按体裁分类,大致可以分为消息、通讯、新闻特写以及新闻边缘体裁。新闻边缘体裁主要包括报告文学、调查报告、采访札记、工作研究、来信等。

1. 真实准确。

(1)新闻所报道的事实必须是客观存在的。

(2)新闻对事实的报道必须准确无误,真实可信。

(3)新闻在事实的整体和相互联系上也应客观全面、符合实际,力求在整体上真实客观地展现社会生活的面貌。

2. 内容新鲜。

如果说真实是新闻的生命，那么，新鲜则是新闻的天性。新闻之新，取决于事实之新。新闻语言的时代性、现实感，对新闻内容的新鲜与否也有着直接影响。

3. 报道及时。

报道及时与内容新鲜是紧密联系在一起的。新闻要尽最大可能发挥迅速、快捷的优势，尽量缩短事实发生与公开传播之间的时间距离。求真求新求快，是人们对新闻的必然要求，是新闻的基本特征。

4. 传播公开。

新闻必须面向社会公开传播，这是新闻固有的特性。公开传播以满足社会信息需求、为社会提供信息服务为目的。新闻报道要做到公开、透明、开放，但绝不意味着放任自流。

（三）新闻的分类

1. 以新闻内容分类：政法新闻、经济新闻、科教文卫新闻、体育新闻、社会新闻。

2. 以新闻发生地分类：国际新闻、全国新闻、地方新闻。

3. 以新闻时间性分类：

（1）突出性新闻：对出乎人们预料而突然爆发的事件的报道。

（2）延缓性新闻：对逐步发生变化的事情的报道。

4. 以新闻与读者关系分类：

（1）硬新闻：关系到国计民生以及人们切身利益的新闻。有极严格的时间要求，必须迅速；还要尽可能准确，信息尽可能量化。

（2）软新闻：富有人情味、纯知识、纯趣味的新闻。无明确时间界限，多属延缓性新闻；发表也没有时间紧迫性；讲究写作技巧，需用生动活泼的文笔来写，即人们常说的“散文笔法”。

（四）新闻的结构和写法

新闻作为一种以叙事为主的文体，它的基本要素和我们语文界常用的记叙文的六要素是一致的。教材把它们概括为“5W+1H”，即：谁（Who）、何时（When）、何地（Where）、何事（What）、为何（Why）、过程如何（How），换一种说法就是：人物、时间、地点、事件、原因、发生过程。

如果把这六要素串起来，概括成一句话，就是一句通俗易懂的句子：某人某时在某地由于某种原因做了某事出现了某种结果。一篇新闻报道，无论是消息，还是通讯、特写，一般都包含这些因素。

新闻一般包括标题、导语、主体、背景、结语五部分。

1. 标题。

新闻的标题，分眉题（又称引题、肩题）、正题（又称主题、母题）和副题（又称辅题、子题）。出现在报刊上有如下几种情况：

（1）多行标题。

多行标题一般有三行，即中间行是正题，是标题的核心，用来揭示主题或提示重要事实;正题上面一行是眉题,用来引出正题,说明事实,交代背景,烘托气氛,揭示含义;正题的下面一行是副标题,用来补充说明情况或说明正题或依据。

(2)双行标题。

其一,出现正题和眉题。如:

真正的幸福要靠自己的劳动去创造(眉题)

杜芸芸将十万元遗产捐献给国家(正题)

其二,出现正题和副题。如:

成都电信局花钱"买"批评(正题)

在报上登"公告"欢迎群众对通信服务工作进行监督(副题)

(3)单行标题。

单行标题只有正题。如:

××接受《人民日报》记者采访

新闻的标题,力求言简意明,平易亲切,准确新颖,富有吸引力。采用哪种标题,要酌情而定。

2. 导语。

新闻的导语,就是新闻的第一段或第一句话。它是由新闻中最新鲜、最主要的事实或精辟的议论组成,以吸引读者。平常所说的新闻的结构是"倒金字塔"式,原因就在于此。

导语常采用以下几种写法:

(1)叙述式。

简明扼要地写出主要事实、经验,或对全篇事实材料进行综合概括,揭示主要内容。如:"4 月 27 日,大连市纪念'五一'国际劳动节大会在市委礼堂隆重举行。"这是《大连日报》2018 年 4 月 28 日发的新闻导语。

(2)提问式。

把新闻中要解决的问题或要介绍的经验、做法以设问的形式提出,然后再用事实作答。如"一个人,因为穷,能有多卑微? 什么都可以优先于'自己',因为'自己'最不值钱"(《凤凰周刊》2018 年 4 月 24 日)。

(3)描写式。

描写式对富有特色的事实或有意义的一个侧面,用简练的笔墨进行形象描绘,给读者以鲜明的印象。如"站在通州漕运码头,建设中的城市副中心就在北方,眼下是成片的紫花地丁、马莲和鸢尾,各种不知名的原生地被蔓延在河堤,被千年古运河串联起来,景色宜人"(《北京晚报》2018 年 4 月 27 日)。

(4)评论式。

评论式是对所报道的事实先作出评论性结论,然后再用具体事实来阐明。如"从国家谈判到提高医保大病保险保障水平,再到对进口抗癌药实施零关税,改革马不停蹄都是为了群众看病更加从容"(《人民日报》2018 年 4 月 16 日)。

(5)引用式。

引用式引用新闻中人物深刻而富有意义的语言作为导语。如"'坚持新发展理念,坚持稳中求进的工作总基调,坚持共抓大保护、不搞大开发,加强改革创新、战略统筹、规划引导,以长江经济带发展推动经济高质量发展'"(《大连日报》2018 年 4 月 28 日)。

3. 主体。

主体是新闻的主要部分。它承接导语,阐述导语所揭示的主题,或回答导语中提出的问题,对新闻事实作具体的叙述与展开。写主体要注意如下几点:

(1)主干突出。

消息新闻的主体是主干,典型材料要用在主干上。要去头绪,减枝蔓,与主题无关的要舍弃,次要材料要简略。

(2)内容充实。

回答导语中提出的问题,其内容必须具体、充实,这样才有说服力。导语提出什么问题,主体就要回答什么问题,这样才能紧扣中心,突出重点。

(3)结构严谨,层次分明。

要恰当地划分段落,有条不紊地展开叙述,安排层次有以下几种顺序:一是时间顺序,按事件的发生、发展、结束的先后顺序安排层次;二是逻辑顺序,就是根据事物的内在联系来安排层次;三是时间顺序和逻辑顺序相结合,这样写严密而有条理,活泼而不紊乱。

4. 背景。

背景是指事件发生的历史环境和原因,它说明事件发生的具体条件、性质和意义,是为充实内容,烘托和突出主题服务的。背景既可在主体部分出现,也可在导语或结尾部分出现,位置不固定。

背景材料一般有三类:一是对比材料,即对事物进行前后、正反的比较对照,以突出事件的重要性;二是说明性材料,即介绍政治背景、地理位置、历史演变、生产面貌、物质条件等;三是诠释性材料,即人物生平的说明,专业术语的介绍,历史典故的解释等,以帮助读者理解消息的内容。

5. 结语。

结语是新闻的最后一段,所述事实的意义使读者对消息的理解、感受加深,从中得到更多的启示。

新闻的结尾方式有小结式、评论式、希望式等。有的新闻事实写完,文章就止住了,结尾就在事实之中。

(五)新闻的注意事项

新闻语言作为一种独立的书面语体,它服务于事实的报道,具有质朴、实用的语言形态,明快而富有表现力的语言风格,讲求信息的运载量,使之适宜于社会的广泛传播。

新闻语言的特色可以概括为:客观、确切、简练、朴实和通俗。

1. 客观。

新闻语言的主要功能用于表达客观事实,而主观认识和感情的强烈外露,势必干扰读者(听众、观众)对事情原貌的了解和把握。比如说,我们讲某某员工工作认真,某某领导身先士卒,则不如用一些事情把它反映出来,让读者去品味,而不一味去下结论。

2. 确切。

确切,就是准确、贴切。在新闻语言的使用上,要求精确性较高,尽量消除语言的含混性,但并不完全排斥语言的模糊性。新闻的模糊语言不是语言含混不清,而是相对于精确语言来说,其精确度较低,但又不失确切。比如“近200吨”比“几百吨”,“30多厘米”比“几十厘米”要精确。

3. 简练。

新闻以简练为贵,以烦冗为病。新闻语言应简洁、洗练,干净利落,切忌拖泥带水。正如鲁迅说过,“简洁的文字,有着穿透读者心胸的力量”。写新闻提倡写短句、说短话,强调简洁直叙,少曲迂回,尤其忌语言杂质,不要让复杂的结构和修辞手段、表情语言淹没事实。

4. 朴实。

质朴无华,具体实在,这是新闻语言的又一特色。新闻语言讲究朴实,就要“有真意,去粉饰,勿卖弄”。

5. 通俗。

新闻语言的通俗,要求从读者(听众、观众)的认知水平出发,运用群众熟悉的语言形式,即接近口语的书面语。在写新闻时,用语不以作者的认知标准为准,也不以行业内的认知为标准,而应以最广大的读者的认知为标准,对一些特殊用词,或者专有名词,应加必要的注释。

模块三　范例呈现

习近平回信勉励广大航天青年弘扬“两弹一星”精神载人航天精神
为航天科技实现高水平自立自强再立新功

新华社北京5月3日电　在五四青年节到来之际,中共中央总书记、国家主席、中央军委主席习近平5月2日给中国航天科技集团空间站建造青年团队回信,向航天战线全体青年致以节日的祝贺,并向他们提出殷切期望。

习近平在回信中说,读了来信,我想起了9年前在你们那里同青年科研人员交流的情景。9年来,从天宫、北斗、嫦娥到天和、天问、羲和,中国航天不断创造新的历史,一大批航天青年挑大梁、担重任,展现了新时代中国青年奋发进取的精神风貌。

习近平强调,建设航天强国要靠一代代人接续奋斗。希望广大航天青年弘扬“两弹一星”精神、载人航天精神,勇于创新突破,在逐梦太空的征途上发出青春的夺目光彩,为我国航天科技实现高水平自立自强再立新功。

2013年5月4日,习近平曾到中国航天科技集团公司中国空间技术研究院,参加“实现中国梦、青春勇担当”主题团日活动,同各界优秀青年代表座谈。在中国共产主义青年团成立100周年之际,中国航天科技集团空间站建造青年团队给习近平总书记写信,代表该集团8万青年汇报9年来勇挑重担推动航天科技发展的情况,表达了为建设航天强国携手奋斗的坚定决心。

就业率超97%！全国技工院校5年输出约500万名“工匠”

新华社北京12月15日电　记者15日从人力资源和社会保障部获悉，“十三五”期间，全国技工院校累计向社会输送“工匠”约500万名，全部服务生产一线。这些毕业生深受用人单位欢迎，就业率保持在97%以上。

人社部数据显示，近年来，全国技工院校数量、年度招生人数、在校生规模均实现稳定增长。截至2019年末，全国共有技工院校2 392所，实现全日制招生142.95万人，在校生规模达360.31万人。技工院校在人才培养、技能竞赛、技能培训等领域都取得了显著成就。

在近日举办的第七届全国技工院校校长论坛年会上，多位技工院校“掌门人”表示，一系列扶植和指导政策，推动技工院校加快工学一体化教学改革，深化产教融合、校企合作，培养了一大批企业所需的技能人才特别是高技能人才。

“教育理念、教学方式不断改变，技工教育迎来了大发展，千千万万的年轻人将因技能改变命运。”深圳第二高级技工学校校长罗德超深有感触。

刚刚闭幕的首届全国职业技能大赛，2 557名参赛选手中，近一半来自技工院校。97名金牌获得者中，有不少是技工院校的老师或在校学生。

“大赛对技能人才培养和教育都具有‘风向标’意义。”山东济宁技师学院党委书记贺永红说，大赛的先进理念、经验和成果，将促进技工教育师资培养、课程标准、教学要求等对接国内甚至是世界先进标准，全面提高培养质量。

大赛也为校企合作提供了平台。校长们普遍认为，下一步将通过学校和企业全领域、全方位、全链条的交流合作，深化产教融合，推动我国技工教育更好发展。

本次年会共有全国技工院校、行业协会、企业和技能鉴定机构500余名代表参加，其中包括300余名技工院校校长。

模块四　能力训练

2022年我校迎新工作开展得如火如荼，请你就此次迎新工作撰写一篇新闻稿，展现新学期我校师生意气风发的新风貌。

任务二　广播稿

模块一　情景导入

学校广播站是学生心灵的窗口，它既能推动我校语言文字工作的开展，又能传播高尚的思想行为。同学们，假如你是校园广播站站长，你知道如何编写、审核广播稿吗？

模块二　知识积累

（一）广播稿的概念

要了解广播稿，我们就得先知道什么是广播。世界上第一座领有执照的电台，是美国匹兹堡 KDKA 电台，于 1920 年 11 月 2 日正式开播。中国人民广播事业创建于 1940 年 12 月，即中央人民广播电台的前身——延安新华广播电台。对象广泛、传播迅速、功能多样、感染力强是广播的突出优势。

广播稿就是为了广播需要而准备的草稿，通过无线电波或导线传送声音、图像的新闻传播工具来传播。

（二）广播稿的种类和特点

广播稿的形式多样，可以说广播站、广播电台有多少栏目，就有多少种广播稿，如诗歌散文、小说、广播剧、通讯、评论等，一切文体都可写广播稿。广播稿没有固定格式，它最大的特点就是要适于“听”，在写作上的特点如下：

1. 传播速度快。电台利用电波传递声音，每秒钟行程 30 万公里，迅速无比。

2. 传播范围广。广播可以翻山越岭，渡江涉河，所能覆盖无所不及。

3. 听觉优先。广播关键的能量通道是作用于人类的听觉。

4. 简短性。广播稿简短清晰，以说清事情的原委为目的。

（三）广播稿的结构和写法

1. 篇幅要短小精悍。

广播稿的篇幅要比报刊上的新闻报道短小。要使篇幅短下来，首先是主题要集中，其次是选材要精当，组材要详略得当。

2. 结构要严谨而清晰。

为了增强可听性，广播稿一般不采用网状形、纵横交叉式等复杂的结构方式，大多采用时间顺序结构或逻辑结构。具体要求有三点：一是主线单一，一篇稿件只围绕一个中心问题来写；二是构思新颖，能吸引听众的注意力；三是层次分明，上下连贯，过渡自然，前后照应。

3. 语言表达必须通俗易懂、明白通畅。

广播稿的语言应通俗化、口语化，力求做到念起来顺口，听起来顺耳，明白流畅，使人一听就懂，绝不产生误解。

(四)广播稿的注意事项

1. 语言口语化、通俗化。

(1)多用短句,少用或不用长句。

(2)少用方言、土语,尽量不用群众不熟悉的简化词或简称。

(3)少用书面词汇、文言词汇和单音词。把单音词改成双音词;书面语改成口头语;文言词改用白话;音同字不同的词要改换。

(4)不宜用小括号、破折号、省略号,因为其中的内容不便读出来;那些表示否定含义的引号也尽量不用,改用"所谓的"。

2. 内容集中、生动。

(1)采用多种写作方法,避免单调乏味。

(2)句式富于变化,运用设问、排比、对偶等句式,使文章有文采;适当选择主动句、被动句、肯定句、否定句等句式使文章有感染力。

(3)具体的事例比抽象的议论更能吸引听众的注意力。

3. 结构清晰,思路连贯。

(1)突出句子的主干,不滥用不必要的附加成分。

(2)用准确的词贴切地表达要说的意思,不说空话、套话。

(3)不用倒装句,不用倒叙和插叙。广播稿的叙事,一般按事物过程的发展顺序,因为这样符合人们听的思路和习惯。

模块三　范例呈现

范例一

校庆广播稿

回眸 44 年风雨沧桑路,喜见今日校园满庭芳。44 年如一组史诗,抒振兴教育之激情;44 年如一首华章,奏教书育人之强音。

勤教笃学是工业技师的写照,励志成才是学生时代的理想。春风风人育才路,夏雨雨人历沧桑。教书育人抓质量,数千学子当自强。一代代技师人鞭挥日月,笔耕沃土。抚今追昔,感慨万千。

44 年的风雨沧桑,一个世纪的磨砺奋进。校庆,既是××技工学校承前启后、继往开来的里程碑,又是拼搏奋进,再创辉煌的新起点。

校友们,你们远道而来,风尘仆仆。你们不断进取,捷报频传。请你们为母校的发展献出金玉良言,送来成功的信息。××技工学校是我们共同的荣誉和骄傲。

××技工学校,您的容颜依然年轻,当您悄悄地度过了 44 个春秋时,您并没有因此而放慢了脚步。您总是敢为人先,独领风骚,多年的耕耘您育得桃李满天下。

是红日,就要喷薄而出;是云彩,就要霞光万丈。我们期待您的明天更加灿烂辉煌。

范例二

校园广播稿

放飞理想——希望的萌动

我们每个人都从幼年一步步走向成熟,就像沿着一条河流逆流而上。

年少时,我们都曾有过一些美妙、绮丽而又略显天真和不切实际的幻想,就像河流边那些五光十色的鹅卵石,我们都曾陶醉于那些绚丽的颜色中。渐渐地,我们长大了,目光由脚边的鹅卵石移向前方,河流的源头,屹立着一座雄伟高峻的雪山,令人神往。我们把它称为——理想,一个最美的字眼!

理想,包含着我们对未来的向往,对未来的希望,对未来的美好憧憬。

金色的童年,沉淀着儿时的快乐,沉淀着淡淡的稻香。就像陈年的女儿红,愈久愈香,愈久愈让人不满足于回味。小时候的我,最大的理想就是爸爸妈妈能多给我买些玩具和好吃的。现在看来,才觉得儿时的我多么天真。

长大后,才渐渐地明白:“理想,不在于一朵娇嫩的鲜花,需要我们渴望的目光去滋润,更需要我们用真挚的心灵去呵护。”

的确,每个人都有理想,但要让这美好的理想变成现实,关键还要看自己。在失败中振作,在振作中奋发,在奋发中取胜,这才是我们要的精神。俗话说:“有志者,事竟成。”我相信,只要我们努力踏实地学习,一定会使自己的理想成真!

理想是石,敲出星星之火;理想是灯,照亮夜行的路。

理想是火,点燃熄灭的灯;理想是路,引你走向黎明。

当然,理想也是一股动力,推动着我们前进。

让我们为理想插上翅膀,让我们一起放飞自己的理想!

范例三

运动会广播稿

偌大的竞技场期待着你矫健的身影,瑟瑟的秋风为你送来爽朗的气息。朋友,在你踏上跑道的那一刻告诉自己——将信心进行到底。无论成功与否,请微笑着跑完全程。只要年轻的心还在蓬勃地跳动,就要大声告诉自己——将信心进行到底。热情地释放光芒的红日,被阵阵此起彼伏的加油声震撼,慌张地投入乌云的怀抱。那群北飞的候鸟却因为热火朝天的场面而盘旋在运动场上,留恋着与寂静的天空截然不同的热闹。围绕在运动场边的树木,在秋风的频繁光顾下奏鸣出悦耳的树叶的交响曲,仿佛是为了配合场上的啦啦队,为奋斗的运动员们加油鼓劲。

模块四 能力训练

为了加大对学校的宣传力度,丰富校园文化生活,营造浓厚的校园文化气息,全面提高学生素质,学校广播站决定设立一个栏目——“校园风景线”,报道学校最新的校园动态,体现校园生活的新面貌、新气象。请你给该栏目投稿,字数要求200字左右。

任务三　演讲稿

模块一　情景导入

同学们,假如你想加入学生会,竞选学生会干部,要求做一次演讲,你该如何准备一份具有竞争力和感染力的演讲稿呢?

模块二　知识积累

(一)演讲稿的概念

演讲是为了达到某种目的而集中、系统的语言表达,是展现一个人口才的最好形式,是一个人运用有声语言和态势语言向听众发表意见、阐述见解、说明事理、抒发感情的信息交流活动。

演讲稿又叫演说词,是在较为隆重的集会或公共场合发表讲话的文稿,演讲稿的好坏直接决定了演讲的成功与失败。演讲稿是人们在工作和社会生活中经常使用的一种文体。它可以用来交流思想、感情,表达主张、见解;也可以用来介绍自己的学习、工作情况和经验等;演讲稿具有宣传、鼓动、教育和欣赏等作用,它可以把演讲者的观点、主张与思想感情传达给听众以及读者,使他们信服并在思想感情上产生共鸣。

演讲稿是进行演讲的依据,是对演讲内容和形式的规范和提示,它体现着演讲的目的和手段。

演讲未必都使用演讲稿,不少著名的演讲都是即兴之作,由别人经过记录流传开来。但重要的演讲最好还是事先准备好演讲稿,因为演讲稿至少有两个方面的作用:其一,通过对思路的精心梳理,对材料的精心组织,使演讲内容更加深刻和富有条理;其二,可帮助演讲者消除临场紧张、恐惧的心理,增强演讲者的自信心;其三,演讲稿可以据之掌握演讲的速度和节奏。

(二)演讲稿的结构和写法

演讲稿一般由标题、称呼和正文组成。

1. 标题。

演讲稿的标题写法灵活多样,总体原则是新颖鲜明,概括内容,揭示主题。

2. 称呼。

因演讲时是面对听众的,因此要使用恰当得体的称呼,体现礼貌,赢得听众好感。

3. 正文。

一般由开头、主体和结语三部分构成。

(1)开头。

演讲稿的开头有多种方法,常用的主要有:

第一,开门见山,揭示主题。

比如宋庆龄《在接受加拿大维多利亚大学荣誉法学博士学位仪式上的讲话》的开头："我为接受加拿大维多利亚大学荣誉法学博士学位感到荣幸。"

第二，说明情况，介绍背景。

比如恩格斯《在马克思墓前的讲话》的开头："三月十四日两点三刻，当代最伟大的思想家停止了思想……"

第三，提出问题，引起关注。

比如道格拉斯《谴责奴隶制的演说》的开头："公民们，请恕我问一问，今天为什么邀我在这儿发言？我，或者我所代表的奴隶们，同你们的国庆节有什么相干？《独立宣言》中阐明的自由和生来平等的原则难道也普降到我们的头上？因而要我来向国家的祭坛奉献上我们卑微的贡品，承认我们得利并为你们的独立带给我们的恩典而表达虔诚的谢意吗？"

(2)主体。

记叙性演讲。演讲者以一定的观点和主张为立足点，通过对人物、事件、景物的记叙和描述，使听众自然而然地接受演讲者的思想感情。其主要内容是向听众叙述自己的思想、经历、事迹，或转述自己看到的、听到的他人的事迹或事件。这类演讲听起来像是在讲故事，但"醉翁之意不在酒"，其目的不是以故事来娱乐人，而是通过事迹打动听众，传播观念。因此，一般从听众的心理出发安排结构，以叙为主，以议衔接，叙议结合，情理交融，感人肺腑。

议论性演讲。其主要内容是论述某个问题，阐明某个道理。这类演讲以议论为主要的表达方式，直接使用正确而充足的、具有说服力的论据来证明论点，或递进、或分列、或对照，论证富有逻辑性和思辨性，以理服人。一般按提出问题、分析问题和解决问题的结构展开。

抒情性演讲。以抒情为主要表达方式，着重抒发演讲者的爱恨、悲喜等强烈感情，对听众动之以情。演讲者既可以直抒胸臆，又可借助叙述、描写、议论来间接抒发感情，以激起听众的共鸣。这类演讲通常以情感作为线索，以情喻理。

在演讲稿中，议论、叙事、抒情三者并不是孤立使用，而是相辅相成的。无论哪种类型的演讲稿，都要做到以事感人，以理服人，以情动人。

(3)结语。

结语。这是演讲的自然收束，可对演讲内容作归纳并揭示主旨，以加深听众的印象；可对演讲主题作发挥和升华，以引起听众思考，给听众以启迪；可提出希望，表示祝愿；可预示前景，让人得到鼓舞。总之，要简洁明快，使听众激动感奋，觉得意味深长。

(三)演讲稿的注意事项

1. 了解对象，有的放矢。

演讲稿是讲给人听的，因此，写演讲稿首先要了解听众对象，了解他们的思想状况、文化程度、职业状况，了解他们所关心和迫切需要解决的问题等。否则，演讲稿写得再花功夫，说得再天花乱坠，听众也会感到索然无味，无动于衷，也就达不到宣传、鼓励、教育和欣赏的目的。

2. 观点鲜明，感情真挚。

演讲稿观点鲜明，显示着演讲者对一种理性认识的肯定，显示着演讲者对客观事物见解的透辟程度，能给人以可信性和可靠感。演讲稿观点不鲜明，就缺乏说服力，就失去了演讲的作用。演讲稿还要有真挚的感情才能打动人，感染人，具有鼓动性。因此，演讲稿要求在表达上注意感情色彩，把说理和抒情结合起来，既有冷静的分析，又有热情的鼓动。

3. 行文变化，富有波澜。

构成演讲稿波澜的要素很多，有内容的安排，也有听众的心理特征和认识事物的规律。如果能掌握听众的心理特征和认识事物的规律，恰当地选择材料、安排材料，也能使演讲在听众心里激起波澜。

4. 通俗流畅，幽默风趣。

语言口语化，“上口”“入耳”是对演讲语言的基本要求。演讲者要让听众听懂，为此，演讲稿的语言要力求通俗易懂。在语言的运用上，除了注意口语表达的特点，如多用短句，少用长句，语言节奏感强，还应适当运用幽默、双关、反语等修辞手法，以便在与现场听众的交流中，牢牢吸引听众的注意力，为顺利实现演讲目的作好准备。

模块三　范例呈现

尊敬的各位领导、老师，亲爱的同学们：

大家上午好！今天我在国旗下演讲的题目是《感时代律动，做时代青年》。

青年兴则国家兴，青年强则国家强，青年的精神面貌决定了国家的精神面貌与发展前途。立足于新时代，习近平总书记向青年人发出了“中国梦是历史的、现实的，又是未来的；是我们这一代的，更是青年一代的”的召唤。新时代需要新青年，新青年要有新使命。

青年要在成长中，做好五个方面的自我修炼。一要志存高远，青年之志是人生之基，青年的志向决定了青年的人生能走多远，九死未悔、不改其志。二要勤奋好学，一勤天下无难事，勤于学习是青年走向人生巅峰的必经之路，也是积累经验的重要路径。青年人正处于学习的黄金时期，应该把学习作为首要任务，作为一种责任、一种精神追求，一种生活方式。不但要学习各项基础知识，还要学习先进的理论知识，更要提升运用知识的能力。三要强健体魄，身体是革命的本钱，只有把健康牢牢地把握住，才能更好地为国家和人民做出贡献。四要求真向善，树立正确的三观，扣好人生的第一粒扣子，是青年迈出的关键一步。人生的第一步至关重要，走得稳不稳，走得直不直，直接决定了今后人生发展的方向，也决定了其人生的价值高度。五要实践创新，实践出真知，青年只有自觉投身于时代的实践之中，才能不断检验自身水平与时代所需之间的差距，才能立于时代潮头，引领时代风尚。

青年一代是国家的希望与未来。习近平总书记对青年人指出“要把理想信念建立在对科学理论的理性认同上”。新时代的青年必须投入学习、践行习近平新时代中国特色社会主义思想的具体实际中，切实将其落实到工作、生活、学习的方方面面。

青年还要深刻认识到时代使命。毛泽东曾说:“世界是你们的,也是我们的,但是归根到底是你们的。你们青年人朝气蓬勃,正在兴旺时期,好像早晨八九点钟的太阳。”青年要有时代感,青年必将投身于时代的呼唤与需要之中。处于21世纪的青年更应当以时代的责任感与使命感来践行时代所赋予青年的时代使命,把握时代机遇,紧跟时代步伐,与时代同呼吸共命运。

青年是国家之精华,实现民族复兴中国梦,必须把广大青年动员和组织起来。和平建设年代青年是社会主义建设事业的急先锋,是人民幸福生活的创造者,新时代青年是实现中国梦的生力军与关键力量,是新时代的创造者、贡献者与参与者。

模块四　能力训练

根据情境,按要求写作。

春节即将来临,××中职学校学生会准备举办一次元旦晚会。为了使元旦晚会办得有声有色,展现学生丰富多彩的生活,学生会决定面向全校同学,公开竞选元旦晚会总策划一名。作为竞选者,请你写一篇演讲稿,以便在演讲中向学生会推荐自己。

要求:理由充分,语言准确得体,学生姓名请用“王明明”代替,500字左右。

任务四　产品说明书

模块一　情景导入

同学们,假如你们家来了一位从古代穿越过来的人,他们对现在的高科技东西都感到陌生和好奇,比如手机、电脑、空调、电风扇之类的,在他问你这是什么时,你要怎么向他介绍呢?

模块二　知识积累

(一)产品说明书的概念

产品说明书,也称用户手册,它必须向消费者介绍产品的性质、结构、使用方法及保养、维修等方面的知识,以帮助消费者正确使用、保养产品,有效地发挥产品的使用价值。一般由生产单位编写,印成册子、单页或印在包装、标签上,随产品发出。

产品说明书是指导用户选择产品、使用产品的“路标”和“向导”,帮助用户了解产品特性,确保用户正确、安全地使用产品。

(二)产品说明书的结构和写法

产品说明书一般由标题、正文和标记组成。

1. 标题。

标题处于第一行的正中,包括商标、型号、货名以及"说明书"或"产品说明书"字样。

2. 正文。

正文这部分是说明书的主体,包括产品构造、性能、适用范围、技术参数、安装、使用方法、注意事项等。

产品说明书的形式:

(1)条款直述式。将要说明的内容分成若干类别逐一陈述,一般用于比较复杂的产品。

(2)自问自答式。将要说明的内容分成若干问题,通过自问自答的方式逐一作答,一般用于大多数用户都比较熟悉或操作比较简单的产品。

3. 标记。

标记包括产品商标、厂家名称、地址、电话、邮编、代号或批准文号等。产品标记置于文末或封面的标题之下,往往配有实物照片。

(三)产品说明书的注意事项

1. 充分考虑用户的阅读需要。

不同的产品有不同的阅读需要,应根据不同的情况充分考虑用户最需要知道什么。比如药品的说明书,用户最需要知道什么? 适应证、用法、用量、不良反应、注意事项、禁忌、有效期等,因此对于这些问题必须交代清楚。再比如家电产品,用户最需要知道的是安装方法、使用方法、日常维护和保养、常见的问题等。

2. 体现产品的设计特点。

产品的特点使产品独具风格。说明好产品的特点是使客户更好地了解该产品,不至于使用不当而弄坏或造成不必要的损失。

3. 不必平均用力,而应该有所侧重。

产品的每个功能或部件没有必要都说得很细。例如,某电器的插头,没有必要大做文章,谁都知道插头肯定是接通电源的作用,而对某些易损、易碎产品,说明书的内容应侧重于讲解如何避免意外情况的发生等。

4. 语言准确、通俗、简洁,内容条理清楚。

用简单的语言把问题说得更清楚是至关重要的,尽量避免使用专业术语(即使在不得已的情况下使用,也要注明清楚)。

模块三　范例呈现

LED-901 充电式手电筒使用说明书

1. 概述。

本产品为 LED-901 充电式手电筒,公司遵循国家行业执行标准:GB7000.13—1999,确属本公司产品质量问题,自购置之日起保修期为 3 个月(非正常使用而致使产品损坏,烧坏的,不属保修之列)。

2. 技术特性。

• 本产品额定容量高达 900 mAh。

• 超长寿命电池,高达 500 次以上循环使用。

• 采用节能、高功率、超长寿命的 LED 灯泡。

• 充电保护:充电状态显示红灯,充电满显示绿灯。

3. 工作原理。

LED 灯由电池提供电源而发光,此电池充电后可重复使用。

4. 结构特性。(略)

5. 使用和操作。

• 充电时灯头应朝下,将手电筒交流插头完全推出,直接插入 AC 110 V/220 V 电源插座上,此时红灯亮起,表示手电筒处于充电状态;当充电充满时,绿灯亮起,表示充电已充满。

• 使用时推动开关按键,前挡为 6 个 LED 灯亮,中间挡为 3 个 LED 灯亮,后挡为关灯。

• 充满电,3 个 LED 灯可连续使用约 26 个小时,6 个 LED 灯可连续使用 16 个小时。

6. 故障分析与排除。

①使用过程中若发现灯不亮或者光线很暗,则有可能是电池电量不足,如果充电后灯变亮则说明手电筒功能正常,如果充电后仍然不亮,则有可能是线路故障。

②使用几年后若发现充电后灯不亮,则极有可能是电池寿命已到,应及时到本公司自费更换。

7. 维修和保养。

• 在使用过程中,如 LED 灯泡亮度变暗时,电池处于完全放电状态,为保护电池,应停止使用,并及时充电(不应在 LED 灯泡无光时才充电,否则电池极易损坏失效)。

• 手电筒应该经常充电使用,请勿长期搁置,如不经常使用,请在存放 2 个月内补充电一次,否则会降低电池寿命。

8. 注意事项。

• 请选择优质插座,并保持安全规范的充电操作。

• 产品充电时切勿使用,以免烧坏 LED 灯泡或电源内部充电部件。

• 手电筒不要直射眼睛,以免影响视力(小孩应在大人指导下使用)。

• 勿让本产品淋雨或者受潮。

• 当充满电时(绿灯亮起),请立即停止充电,避免烧坏电池。

• 非专业人士请勿随便拆卸手电筒,避免充电时引起危险。

模块四　能力训练

请将下面的产品说明书补充完整。

品名:××苏打饼干

配料或原料：小麦粉、食用植物油、麦芽糖、食盐、疏松剂、鸡蛋粉、酵母、全脂奶粉、食用香精。

保质期：九个月

生产日期：20231128

生产厂家：重庆××饼干食品有限公司

地址：中国重庆市××路××号

邮编：400000

消费者服务热线：400-683-＊＊＊＊

任务五　海报

模块一　情景导入

同学们，假如你是学校文学社团的社长，开学季想要招新成员加入社团，你该怎么向新生们宣传呢？

模块二　知识积累

（一）海报的概念

海报这一名称，最早起源于上海，是一种宣传方式。旧时，海报是用于戏剧、电影等演出活动的招贴。上海人通常把职业性的戏剧演出称为"海"，而把从事职业性戏剧的表演称为"下海"。作为剧目演出信息的具有宣传性的招徕顾客的张贴物，人们便把它叫作"海报"。

"海报"一词演变到现在，成为向广大群众报道或介绍有关戏剧、电影、体育比赛、文艺演出、报告会等消息的招贴，有的还加以美术设计。因为它同广告一样，具有向群众介绍某一物体、事件的特性，所以，海报又是广告的一种。但海报具有在放映或演出场所、街头张贴的特性，加以美术设计的海报，又是电影、戏剧、体育宣传画的一种。

海报的特点：

1. 广告宣传性。

由于海报可以在媒体上刊登、播放，大部分张贴于人们易于见到的地方，故其广告性色彩极其浓厚。

2. 商业性。

海报是为某项活动做的前期广告和宣传，其目的是让人们参与其中，演出类海报占海报中的大部分，而演出类广告又往往着眼于商业性目的。学术报告类的海报一般是不具有商业性的。

一般来讲，海报从内容上看可以分为下列几类：

1. 电影海报。

这是影剧院公布电影的名称、放映时间、地点及内容介绍的一种海报。这类海报有的还会配上简单的宣传画。

2. 文艺晚会、杂技、体育比赛等海报。

这类海报同电影海报大同小异,它的内容是观众可以身临其境进行娱乐观赏的一种演出活动,这类海报一般有较强的参与性。海报的设计往往要新颖别致,引人入胜。

3. 学术报告类海报。

这是一种为一些学术性的活动而发布的海报。一般张贴在学校或相关的单位,学术类海报具有较强的针对性。

4. 个性海报。

自己设计并制作,具有明显 DIY 特点的海报。

(二)海报的结构和写法

海报一般由标题、正文和落款三部分组成。

1. 标题有以下一些形式:

(1)单独由文种名构成。即在第一行中间写上"海报"字样。

(2)直接由活动的内容承担题目。如"舞讯""影讯""球讯"等。

(3)可以是一些描述性的文字。如"××再显风采、××旧事重提"。

(4)可以以宣传内容的主旨为标题。如"×××社招新"。

2. 正文。

海报的正文要求写清楚以下内容:

(1)活动的目的和意义。

(2)活动的主要项目、时间、地点等。

(3)参加的具体方法及一些必要的注意事项等。

3. 落款。

主办单位的名称及海报的发文日期。

(三)海报的注意事项

1. 海报一定要具体真实地写明活动的地点、时间及主要内容。文中可以用些鼓动性的词语,但不可夸大事实。

2. 海报文字要求简洁明了,篇幅要短小精悍,一般以图片为主,文案为辅。

3. 海报的版式可以做些艺术性的处理,以吸引观众。

模块三　范例呈现

范例一

球迷佳音

比赛者:信息技术系篮球队——汽车工程系篮球队

时间:12 月 18 日(星期六)上午 9 点整

地点:院篮球场

精彩无限，欢迎观战。

××技师学院学生会
2021 年 12 月 14 日

范例二

海　报

你想与成功者分享成功的喜悦吗？你想一睹成功者的风采吗？你想学习如何创业吗？你想了解大企业家的创业历程吗？你想感悟创业的酸甜苦辣吗？请听著名企业家×××的精彩报告。

报告标题：我的创业心路

地点：学院大礼堂

时间：12 月 28 日下午 2 点 30 分

××技师学院学生会
2021 年 12 月 20 日

模块四　能力训练

根据下列材料拟一则海报。

为了欢庆五四青年节，××中等职业学校团委和校学生会准备联合举办“庆五四青春舞会”，具体时间是 5 月 4 日晚 7 点—9 点，地点是在学校露天球场。欢迎全体青年教师和学生积极参加。

任务六　倡议书

模块一　情景导入

“绿水青山就是金山银山”，习近平总书记的绿色发展理念辩证地说明了生态环境保护和发展的关系。让我们从身边的事情做起，低碳生活、绿色出行，共同营造美丽的地球家园。2022 年 6 月 13—19 日是全国第三十二个节能宣传周，为全面深入推进宣传周活动，广泛传播节能理念，大力倡导绿色低碳生产生活方式，积极营造节能降碳的浓厚氛围，6 月 13 日，××职业学校校团委开展了主题为“绿水青山，保护环境，低碳生活”的主题活动，请你为这次活动写一份倡议书，让同学们积极响应这次活动。

模块二　知识积累

(一)倡议书的概念

倡议书是常用文体之一,是个人或集体针对社会生活中的实际问题,或是为了完成某些重大的任务由个人或集体带头提出一些合理化建议的措施,向公众发出些公开性的号召所运用的一种专用书信。

倡议书的作用广泛:

第一,倡议书具有广泛的群众性。它可以在较大范围内调动群众的积极性,使大家心往一处想,劲往一处使,齐心协力共同做好一些有益于社会的事务和开展某些公益活动。

第二,倡议书是开展精神文明建设的一个有效的方法。倡议书的内容一般是同人们的日常生活相关的一些事项。如倡议爱护花草树木,保护生态环境;倡议众志成城,同心协力,推进台风灾后重建工作等。

第三,倡议书应写得情理并重,富有号召力。倡议书在轻松倡导之中,宣传了真善美,使人们无形之中就受到深刻的教育。

倡议书的特点:

1. 广泛的群众性。

倡议书不是对某个人或某一小集体而发的,它的受众往往是广大群众,或是部门的所有人,或是一个地区的所有人,甚至是全国人民。

2. 响应者的不确定性。

倡议书的对象范围往往是不确定的,即便是在文中明确了倡议的具体对象,但实际上,有关人员可以表示响应,也可以不表示响应,它本身不具有很强的约束力。即便是与此无关的别的群众团体,也可以有所响应。

3. 倡议书的公开性。

倡议书就是一种广而告之的书信。它是要让广大的人民群众知道了解,从而激起更多的人响应,以期在最大的范围内引起共鸣。

(二)倡议书的结构和写法

演讲稿一般由标题、称呼、正文、结尾、落款五部分组成。

1. 标题。

倡议书标题一般由文种名单独组成,即在第一行正中用较大的字体写“倡议书”三个字。另外,标题还可以由倡议内容和文种名共同组成。如“节能减排倡议书”。

2. 称呼。

一般顶格写在第二行开头。可依据倡议的对象而选用适当的称呼。如“广大的青少年朋友们”“广大的妇女同胞们”等。有的倡议书也可不用称呼,而在正文中指出。需要特别指出的是,倡议书像其他专用书信一样,不写问候语。

3. 正文。

一般在第三行空两格写正文。倡议书的内容需包括以下方面:

(1)写明倡议书的背景原因和目的。

倡议书的发出意在引起广泛的响应,只有交代清楚倡议活动的原因,以及当时的各种背景事实,并申明发布倡议的目的,人们才会理解和信服,才会自觉地行动。这些因素交代不清就会使人觉得莫名其妙,难以响应。

(2)写明倡议的具体内容和要求。

这是正文的重点部分。倡议的内容一定要具体化,开展怎样的活动,要做哪些事情,具体要求是什么,它的价值和意义都有哪些,均需分条开列,这样写往往清晰明确,一目了然。

4. 结尾。

结尾要表达倡议者的决心、希望或者写出某种建议。

5. 落款。

落款即在右下方写明倡议者单位、集体或个人的名称或姓名,署上发倡议的日期。

(三)倡议书的注意事项

1. 篇幅不宜太长。

2. 背景目的要写清楚,理由要充分。

3. 措辞要恰切,情感要真挚,同时要富于鼓动性。

4. 内容要切实可行,不违背国家的方针政策。

模块三　范例呈现

范例一

诚信考试倡议书

亲爱的同学们:

孔子曰:“君子以诚为贵”,孟子亦曰:“车无辕而不行,人无信则不立”。同学们,没有诚信,个人将无法立足;没有诚信,学校将无法发展;没有诚信,国家和社会将不能进步。

国家倡导诚信,社会呼唤诚信,校园需要诚信,人人需守诚信。诚实守信是人类基本的价值规范,是中华民族的传统美德,也是每个人做人的基本道德准则。勤奋学习,诚信考试,不仅是我们学校的优良传统,同时也是大学生诚实作风的最直接体现。弄虚作假,考试作弊,是对自己实力的否定和轻视,更是对我们学校良好学风、考风的亵渎。同学们,面对考试,我们学过的知识或许会遗忘,但我们诚信的美德和做人原则却永远不能丢弃!在此,学校政教处、团委、学生会向全校同学发出倡议:

端正态度,正确面对。考试既是对我们学习情况的检测,同时也是对我们学风和考风的检验。我们不但要把自己的学习成果展现给自己的老师、父母,更要把道德与诚信的优秀答卷交给自己!

认真复习,积极备考。“一分耕耘,一分收获”,我们在注重平时认真学习的同时,还应该科学合理地安排复习时间,认真总结每门功课的重点、难点,以及学习中所遇到的问题,有针对性地制订出复习计划,认真复习,不抱有任何侥幸心理,满怀信心地迎接考试。

严守考纪,诚信应考。“千里之行,始于足下”,良好的学风、文明的考风,应当从自己、从现在做起,努力打造诚信校园。每次考试严格遵守学校考试纪律,服从监考教师安排;严格约束不良的思想观念,坚决杜绝任何作弊行为;弘扬诚信品质,与不良风气作斗争,勇于检举和揭发考试作弊行为。

亲爱的同学们,让我们共勉、互励、共进,自觉遵守学校考试纪律和有关规定,杜绝考试作弊,用诚信撑起一片洁净的蓝天,让舞弊行为远离校园,让诚信常驻心间。用扎实的知识、求实的态度、顽强的拼搏精神,向自己、老师、父母交一份完美的答卷,还考场一片洁净的天空,为自己赢得真实的进步。

最后,衷心祝愿同学们在期末考试中取得最理想的成绩!

××职业学校学生会

2022年6月10日

范例二

未成年人防网络沉迷倡议书

亲爱的家长朋友、同学们:

近年来,因未成年人沉迷网络引起的社会矛盾凸显,引发社会普遍关注。防范未成年人沉迷网络既是一项系统技术工程,也是社会整体工程,有赖于社会多方参与,需家长、同学们的共同努力,现学校发出如下倡议:

家长们,需要您:

1. 以身作则,树立榜样。

在孩子面前尽量减少对手机的依赖,自觉抵制负面网络信息,不沉迷网络游戏,不做“低头族”。同时正确引导孩子合理使用手机,树立文明上网意识,自觉以学习为重,利用网络资源提升自身素质,塑造美好心灵。

2. 陪伴鼓励,沟通交流。

也许您事务繁忙,但也恳请您抽出时间多陪伴孩子,多与孩子沟通交流。当孩子遇到挫折和失败时,最需要的是您的鼓励和支持。

同学们,这么做:

1. 争做网络文明践行者。

同学们,要树立正确的荣辱观,抵制腐朽思想的侵害。从现在做起,从自身做起,文明上网,善于运用网络资源学习各种有用知识,自觉抵制手机游戏诱惑,自觉远离网络不良信息,防止沉溺网络。

2. 争做网络安全小卫士。

同学们,要合理地使用网络资源,学习必备的防护技能,远离网络欺诈、网络暴力,形成必要的安全意识。我们要争做网络安全小卫士,坚持文明上网、上文明网、上安全网。

最后,将中华人民共和国教育部的“防沉迷”三字文,送给各位家长和同学们:

互联网,信息广,助学习,促成长。

迷网络,害健康,五个要,记心上。

要指引,履职责,教有方,辨不良。

要身教，行文明，做表率，涵素养。
要陪伴，融亲情，广爱好，重日常。
要疏导，察心理，舒情绪，育心康。
要协同，联家校，勤沟通，强预防。

××职业学校学保处
2022 年 5 月 10 日

模块四　能力训练

根据情境，按要求写作。

针对学校存在食物浪费和学生节俭意识缺乏的问题，为了切实加强引导和管理，培养学生勤俭节约的良好美德，××中职学校校团委发出“光盘行动”的倡议。你能替校团委写一份“光盘行动”倡议书吗？

项目六　礼仪文书

礼仪文书是国家、单位、集体或个人在各种社交场合用以表示礼节，使用非常广泛的应用文。随着社会文明程度的提高，社会交往中的礼仪十分重要，礼仪文书的应用也越来越受到人们的重视。其种类有很多，常见的有各种请柬、祝词、慰问信、感谢信、表扬信、欢迎(送)词、贺信、悼词、讣告等。除了有应用文的普遍性特点，礼仪文书还特别注重礼节，恰如其分地表达对对方的尊重、喜爱、感谢和祝愿之情。

任务一　请柬

模块一　情景导入

小丁的哥哥要结婚了，他叫小丁帮他准备请柬，请亲戚朋友来见证婚礼。小丁不假思索，写下如下内容：

嗨，大家好，明天我哥要结婚，给个面子捧个场，有吃有喝有接待，有空就来吧！

哥哥看了直摇头。

你觉得小丁写得如何？你能帮小丁重新写一下吗？

模块二　知识积累

(一)请柬的概念

请柬，又称请帖，是为邀请宾客参加某项活动时所使用的书面通知，它广泛运用于会议、典礼、宴会、仪式等活动中，以表示活动的意义重大和对宾客的尊重。它相当于邀请函，但更为正式和隆重。

(二)请柬的特点

除了应用文的普遍特点，请柬还有以下特点：

1. 明确。

发请柬的目的是告知被邀请者有关情况，因此内容中一定要写明活动的时间、地点、内容和要求等，不能出错或遗漏，否则会闹笑话，甚至产生不良后果。

2. 隆重。

凡属于比较隆重的活动,都应使用请柬邀请,既表示对被邀请者的尊重,也表明邀请者的郑重态度。

3. 美观。

请柬不但内容书写要规范美观,在载体使用上也非常讲究,用纸要精美,包装款式漂亮、大方,注意别具一格,给人艺术感、庄重感和亲切感。

(三)请柬的结构和写法

请柬内容一般由标题、称呼、正文、结尾和落款五部分组成。

1. 标题。

一般只需直接写“请柬”或“请帖”二字。因市面上有专用请柬,已按照标准格式印制好,直接印有精美的标题,如购买此类请柬,就不再另写标题。

2. 称呼。

顶格写下被邀请者的名称或姓名,如“某单位”“某先生”等,称呼后加冒号。

3. 正文。

写清活动内容,如举办婚礼、生日宴会、联欢晚会、开幕典礼等。写明时间、地点、活动方式。若有其他要求也需注明,如“请准备发言”“请携家人”等。

4. 结尾。

写上礼节性的问候语或恭候语,如“敬请光临”“顺致平安”等。

5. 落款。

署上邀请者(单位或个人)的姓名和发柬日期。

(四)请柬的注意事项

1. 用词准确贴切。即读来要通顺,意思要明确。

2. 表达高雅庄重。即讲究文字优美,体现文化气息。

3. 包装考究大方。即款式要精美,给人愉悦感。

模块三　范例呈现

范例一

请　柬

尊敬的××公司:

我公司将于20××年3月15日,在西宁举办一场大规模的“中国西北家用电器展销会”,此次展销会可给贵公司提供良好的展销平台,会对产品的推广和销售产生促进作用。我们真诚地邀请贵公司参加此次会议。

如贵公司能如约参加本次会议,请于20××年3月1日前与我们取得联系,以便我们能提前为你们安排食宿和展位。

活动举办方:××中心有限公司

时间:20××年3月15日

地点:××市广阳区×号展销中心

联系人:王先生

联系电话:××××××××××××

传真:×××—××××××××

期盼贵公司的参与!

××中心有限公司市场部

20××年2月20日

解析:这是一份公务类请柬,此类请柬适用于邀请相关单位参加某项商务活动。

范例二

请　柬

送呈李某某(先生)台启:

谨定于××××年公历5月××日,为母亲大人举行七十寿宴,敬备薄酌,恭候光临。

时间:中午12:00,地点:××大酒店4楼东海厅

陈某某

××××年××月××日

模块四　能力训练

1. 请你为小丁的哥哥重新写一份婚礼的请柬。
2. 班上准备开联欢会庆祝五四青年节,班主任请你给所有任课老师写一份请柬。

任务二　感谢信

模块一　情景导入

小丁在校园外不慎摔倒,受伤严重。恰巧这时有两名素不相识的同学路过,立即将他搀扶起来并送到了医院。小丁得到了及时的医治,很感激热心相助、见义勇为的两位同学,他该如何向他们表示感谢呢?

模块二　知识积累

(一)感谢信的概念

感谢信是集体、单位或个人对关心、帮助、支持本集体、单位或个人的集体、单位或个人表示衷心感谢的礼仪文书。感谢信是文明的使者,它与表扬信有许多相似之处,所不同的是感谢信也有表扬的意思,但是重点在感谢。

(二)感谢信的种类和特点

感谢信依据不同的标准可以有不同的分法。

1. 按感谢对象的特点来分。

（1）写给集体的感谢信：这类感谢信一般是个人处于困境时，得到了集体的帮助，并在集体的关心和支持下，最终克服了困难，渡过了难关，摆脱了困境，所以要用感谢信的方式表达自己的感激之情。

（2）写给个人的感谢信：这类感谢信是个人或集体为了感谢某个人曾经给予的帮助或照顾而写的。

2. 按感谢信的存在形式来分。

（1）公开发布的感谢信：这种感谢信包括可在报社刊登、电台广播或电视台播报的感谢信，是一种向社会公开宣传的感谢信。

（2）寄给单位、集体或个人的感谢信：这种感谢信将直接寄给单位、集体或个人。

（三）感谢信的结构和写法

1. 标题。

第一行的正中用较大的字体写上"感谢信"三个字。也可在"感谢信"的前面加上一个定语，说明是因为什么事情、写给谁的感谢信。

2. 称呼。

第二行顶格写对方单位名称或个人姓名，姓名后面可以加适当的称呼，如"同志""师傅""先生"等，称呼后用冒号。如果感谢对象比较多，可以把感谢对象放在正文中间提出。

3. 正文。

第三行空两格起写正文。这一部分要写清楚对方在什么时间，什么地点，由于什么原因，做了什么好事，对自己或单位有什么支持和帮助，事情有什么好的结果和影响。还要写清楚从中表现了对方哪些好思想、好品德、好风格。最后表示自己或所在单位向对方学习的态度和决心。

4. 敬祝语。

正文写好之后，另起一行空两格（也可以紧接正文）写上"此致"，换一行顶格写上"敬礼"。

5. 落款。

最后再换一行，在右半行署上单位名称或者个人姓名。在署名的下面写上发信的日期。

（四）感谢信的注意事项

1. 内容要真实。感谢信的内容必须真实，确有其事，不可任意捏造、夸大其词。不能过于拔高，脱离实际，以免给人一种失真的印象。

2. 用语要适度。感谢信叙事要精练，篇幅不能太长。评誉对方时要恰当，用语要求精练、简洁，遣词造句要把握好一个度，不可过分雕饰，否则会给人一种不真实、虚伪的感觉。

模块三　范例呈现

范例一

感谢信

××管理中心：

首先向你们表示衷心的感谢！

我是某某，某月某日早上，我不慎在某大厦地下车库××层将钱包遗失，内有身份证和储蓄卡等重要物品，是管理中心的保安同志捡到了我的卡包，并第一时间联系上了我，在此我表示万分感激。

保安同志的行为充分体现了贵管理中心员工高尚的道德情操和精神风貌，我在这里恳请管理中心给予这位保安同志公开表扬和肯定，这种拾金不昧的行为是值得大力提倡和鼓励的。

在此我对这位保安同志表示衷心的感谢，祝身体健康，事事顺心，好心人一生平安！

此致

敬礼！

某某

××××年××月××日

范例二

感谢信

亲爱的老师：

您好！请原谅我这样称呼您，我之所以用亲爱的而不用尊敬的，是因为我不想拉远您和我们之间的距离，因为您就像一位大姐一样时刻关心着我们的学习和生活。特此我向您表示感谢。

在我的印象中，您是一个认真负责的人。无论刮风下雨还是大雾弥漫，您总是踩着晨曦来，踏着夜幕归。你用语言播种、用粉笔耕耘、用汗水浇灌、用心血滋润，您为我们点燃的知识火花照射在我们心灵深处，您就像一只载渡的航船带着我们在知识的海洋里遨游。我们从自己的点滴进步中看到了您辛勤的汗水，从同学们的欢歌笑语中看到了您所付出的爱心。祖国的明天要靠我们去建设，我们的明天要靠您去塑造。您为了培养祖国明天的建设者，献上了自己一腔热血、宝贵的青春。无论我们明天成长为参天的大树，还是平凡的小草，我们的身上都浸透着您的劳动与付出，我们今后走到天涯海角，都永远不会忘记您为我们的成长所播下的种子。

再一次向您道一声：辛苦了老师，谢谢了老师，向您表示衷心的感谢。

祝您身体健康，青春永驻，工作顺利，心情愉快！

此致

敬礼

您的学生××

2021 年 6 月 18 日

模块四　能力训练

1. 根据情景导入的事例，请你代小丁写一封感谢信，感谢两位热心肠的同学。

2. 生活中总有那么一些令人感动的事，关键是你要有一双发现真善美的眼睛。请你就生活中给你安慰、催你奋进的某人某事写一封感谢信。

任务三　慰问信

模块一　情景导入

一封暖意满满的慰问信

2022年2月10日，闽南日报刊登了这样一则新闻：

“警察叔叔，你们太辛苦了！这是我亲手写的信，里面都是我的肺腑之言！”近日，一位来自厦门大学附属演武小学一年级的小朋友用自己的方式致敬人民警察，向长泰公安分局武安派出所送来一封慰问信和一些慰问品。

一笔一画工整的字迹，字里行间向武安所全体民警传递暖心祝福和认可。原来，这位小朋友寒假回到长泰老家过年，其间看到警察叔叔不畏严寒、无惧风雨，不分昼夜在大街小巷辛苦执勤，便萌生慰问民警的想法，并得到了家长的支持。

模块二　知识积累

（一）慰问信的概念

慰问信是向对方表示（一般是同级或上级对下级单位、个人）关怀、慰问的信函。它是单位或者个人，以组织或个人的名义在他人处于特殊的情况（如自然灾害、事故）或节假日，向对方表示问候、关心的应用文。

（二）慰问信的种类和特点

1. 慰问信有三种类型。

（1）对取得重大成绩的集体或个人表示慰勉。

（2）对由于某种原因而遭到暂时困难和损失的集体或个人表示同情、安慰。

（3）在节日之际对有贡献的集体或个人表示慰问。

2. 慰问信有以下三个特点：

一是发文的公开性。慰问信可以直接寄给本人，但大多是以张贴、登报的方式出现。

二是情感的沟通性。无论是对有突出贡献者的慰问还是对遭遇困难者的慰问，情感的沟通是支撑慰问信的一个深层基础。慰问信正是通过这种或赞扬表达崇敬之情，或同情表达关切之意的方式来达成双方的情感交流和相互理解的。节日的慰问，尤其是为某一群体而设的节日的慰问，更是起着沟通相互情感的作用，如“三八妇女节”“教师节”等的节日慰问。

三是书信体的格式。慰问信一般采用书信体。

(三)慰问信的结构和写法

1.标题。

可写成“慰问信”“写给×××的慰问信”或者“××××致××××的慰问信”。

2.称呼。

称呼应表示尊敬。如对个人,往往还要在姓名前边加上“敬爱的”“尊敬的”等字样,以表示尊重,单位一般要写全称。注意要顶格,称呼后面用冒号。

3.正文。

(1)简要文字讲述原因、背景,提起下文。

(2)较全面具体地叙述事实、表示慰问或学习。

(3)结合形势提出希望,表达共同的愿望和决心。

4.敬祝语。

另起行,前空两格,写上鼓励或祝愿的话。

5.落款。

署名,一般姓名写在右下角。如果写慰问信的单位、个人不止一个,都要一一写上。在姓名下写年、月、日。

(四)慰问信的注意事项

1.慰问对象要明确。如果对方是先进人员,信的内容就着重写赞扬、歌颂对方的功绩;如果对方是受灾集体或个人,信的内容就着重写向对方表示关心和支援,增强战胜困难的勇气和信心。

2.感情要充沛真挚,语言要亲切、生动,可适当地运用抒情的表达手法。

模块三　范例呈现

××县教育局教师节慰问信

全县广大教师、教育工作者,各位离退休老教师:

大家节日好!

秋菊溢彩,硕果飘香。值此第××个教师节来临之际,县教育局向辛勤耕耘在全县教育战线上的广大教师、教育工作者和离退休教职员工表示节日的祝贺,并致以亲切的慰问和崇高的敬意!向多年来始终关心、支持我县教育事业发展的各级领导和社会各界人士表示诚挚的谢意!

过去的一年,我们紧紧围绕县委、县政府提出的教育发展目标,全心全力办人民满意教育,取得较好成效。高中教育、义务教育和学前教育发展水平均跨入全市前列,“千师访万家”活动成效凸显,被人民网、新华网、中央人民政府网、《新华日报》等国家级主流媒体深入报道。

百年大计,教育为本。今后一段时期,是我县教育抢抓机遇、乘势而上、跨越发展的重要战略期。县教育局将进一步加大工作力度,创新工作举措,大力推进义务教育优质均衡改革发展,全力推动各类教育事业持续健康发展;积极深化教育人事制度改革,充分尊重和积极鼓励广大教师的劳动创造，大力改善教师的工作条件和生活待遇，努力营造尊重知识、尊重人才、尊重教师的良好教育环境和氛围，助推全县教育事业再上新台阶！

教育大计，教师为本。希望全县广大教师和教育工作者紧紧围绕全县发展大局，继续发扬苦干实干、奋勇争先的优良作风，坚持以崇高的师德感染学生，以丰富的学识教导学生，以博大的胸怀关爱学生，努力培养更多的德智体美劳全面发展的社会主义事业建设者和接班人。

祝全县广大教师和教育工作者节日愉快、工作顺利、身体健康、阖家幸福！

××县教育局

××××年××月××日

模块四　能力训练

请以国家体育总局的名义向在北京冬奥会上取得优异成绩的运动健儿们发一封慰问信。

任务四　表扬信

模块一　情景导入

一天，小丁在放学路上勇救落水儿童。第二天，学校收到了一封来自被救儿童家长的表扬信。学校将表扬信张贴在了校务公开栏中。小丁的英雄行为得到了广大师生的一致好评，大家纷纷表示要向小丁同学学习，发扬见义勇为的精神。

模块二　知识积累

（一）表扬信的概念

表扬信是向特定受信者表达对被表扬者优秀品行颂扬之情的一种专用书信。特向被表扬者所在单位或其上级领导致信，以期使其受到表彰、奖励，使其精神发扬光大。与感谢信类似，表扬信也是对别人的某种行为的肯定与表扬，但二者也有一定的区别：

（1）侧重点不同：表扬信是对他人的行为表示赞扬的信函；感谢信是集体、单位或个人对关心、帮助、支持本集体、单位或个人的集体、单位或个人表示衷心感谢的函件。

（2）关系不同：表扬信一般用于长辈受到小辈的帮助以表示赞扬夸奖，也有感谢的意思；而感谢信则不分年龄辈分，重在感谢。

（3）主体不同：表扬信是侧重表扬某人，表扬某人做了什么好事，可以不是当事人自己写；而感谢信则是表达对某人帮助的感谢，是当事人自己写的。

（二）表扬信的种类

从表扬双方的关系来看，可以分为两种：上级对下级、团体对个人进行表扬的表扬信；群众之间进行表扬的表扬信。

从被表扬者的身份来看,表扬信又可分为两种:对集体进行表扬的表扬信和对个人进行表扬的表扬信。

从发布方式来看,表扬信可以直接写给表扬对象,也可以写给表扬对象的所属单位,还可以写给报刊社、电台、电视台等新闻媒体。

(三)表扬信的结构和写法

1. 标题。

可写成“表扬信”“写给××的表扬信”。

2. 称呼。

称呼应表示尊敬。如对个人,往往还要在姓名前边加上“敬爱的”“尊敬的”等字样,以表示尊重,单位一般要写全称。注意要顶格,称呼后边用冒号。

3. 正文。

(1)简要文字讲述原因、背景,提起下文。

(2)较全面具体地叙述事实、提出表扬或学习。

(3)结合形势提出希望,表达共同的愿望和决心。

4. 敬祝语。

另起行,前空两格,写上鼓励或祝愿的话。

5. 落款。

署名,一般姓名写在右下角;如果写慰问信的单位、个人不止一个,都要一一写上。在姓名下写年、月、日。

(四)表扬信的注意事项

1. 叙事要实事求是。对被表扬的人和事的叙述一定要准确无误,既不夸大,也不缩小。

2. 要用事实说理。写动人事迹要做到见人、见事、见精神,不要以空泛的说理代替动人的事迹。

3. 表扬信语气要热情、恳切,文字要朴素、精练,篇幅要短小精悍。

4. 表扬信可以组织名义写,也可以个人名义写。除信中给予的表扬外,也可以建议有关部门给予表扬。

模块三　范例呈现

范例一

市政府给学校的表扬信

××学院:

在开展“全民文明礼貌月”活动中,你校的师生员工,不仅从自己做起,从本校做起,搞好了清洁卫生,注意了文明礼貌,而且多次利用周末休息日走上街头清理垃圾,维持交通秩序,开展法律咨询与宣传,义务为群众做好事,为建设精神文明做出了可喜的成绩。在此,市政府特授予你校"精神文明先进集体"的光荣称号。

希望你校师生发扬优良作风，再接再厉，为取得更大的成绩而努力！

××市人民政府

××××年××月××日

范例二

表扬信

××旅行社：

我是山东济南的一名游客，名叫××，自××月××日来桂林以后，得到了××导游的热情接待。通过她的讲解，了解了桂林的风土人情和概况，她唱的山歌让我久久难忘。

这次桂林之行是我最开心的一次观光体验，非常满意××的工作，再次表扬！

××××年××月××日

模块四　能力训练

1. ××××年××月××日，你家附近发生了火灾，危及数十个家庭生命和财产安全，幸好当地消防救援人员及时赶到，扑灭了大火。请你以个人的名义写一封表扬信，表扬消防人员的救助。

2. 学校××班团结拼搏，在全市的青少年拔河比赛中荣获团体第一名。请你以学校学生管理处的名义写一封表扬信，在全校范围内表扬该班。

任务五　祝贺信

模块一　情景导入

陈渝是××学校1973级毕业生，最近听说母校要举行五十周年校庆，于是联系上了当时的同班同学，一起商量如何祝贺母校的五十岁生日。大家首先想到的是以首届毕业班级的名义写一封祝贺信，并一致推荐由陈渝执笔写祝贺信。陈渝推脱不过，犯了难。这信该怎么写呢，你能帮帮他吗？

模块二　知识积累

（一）祝贺信的概念

祝贺信，又称贺信，有时又称贺电，是对某单位、集体或个人表示庆贺、祝愿一类书信的总称。比如对做出突出贡献、取得显著成绩的单位或个人表示祝贺，或某项工作取得成就、某团体或个人获得某种特殊荣誉、某项工程竣工、遇某一喜庆事件以及重要人物寿诞等，都可以贺信表示祝贺，以起到增强喜庆气氛、激励人心、鼓舞士气，加深理解和感情、加强团结的作用。

（二）祝贺信的种类

祝贺信大致可以分为四种类型：

一是上级领导机关(主管部门)对下级单位或所属单位的职工、群众发出的祝贺信。

二是下级单位或职工给上级领导机关发出的祝贺信。

三是机关、单位、团体相互之间发出的祝贺信。

四是对担任重要职务的领导人、有突出贡献的科学家、艺术家等知名人士寿辰的祝贺信。

(三)祝贺信的结构和写法

祝贺信通常由标题、称呼、正文、结尾和落款五个部分构成。

1. 标题。

祝贺信的标题主要有两种写法:一是只写“祝贺信”或“贺信”,居中排列;二是发祝贺信的机关或个人名称、祝贺对象(或事由)和文种(祝贺信),如《中共中央国务院致第十一届亚运会组委会的贺信》《中共中央、全国人大常委会、国务院祝贺广西壮族自治区成立三十周年的电报》。

2. 称呼。

顶格写收受祝贺信的机关(单位)、团体或个人的名称。

3. 正文。

祝贺信的正文主要应写明以下三层意思:

(1)表明祝贺之意。要以极其简略明了的语言叙述当前形势,说明对方取得成绩的社会背景,或重要会议召开的历史条件,由此生发祝贺的原因,热烈地表达祝贺之情。

(2)肯定对方成绩。这部分在充分肯定对方成绩的同时,应有分寸地分析其取得成绩的主客观原因。如果是祝贺重要会议召开,应说明召开该会议的重要意义,表明对会议的期望;若是对下级机关(单位)取得的某项成绩表示祝贺,应提出希望和鼓励;如果是祝贺某人寿辰,应当颂扬对方取得的成功、作出的贡献和高尚的品德,表明对他(她)的崇敬与尊重。

(3)表达祝愿鼓励。要写表明祝愿和鼓励的话,并提出殷切的希望和共同的理想,如“让我们共同努力,去争取更大的胜利”“希望你再接再厉,顺利完成任务”等。

4. 结尾。

要写上祝福的话。如“祝您健康长寿”“祝大会圆满成功”等。

5. 落款。

写明发祝贺信的机关、单位、团体名称或个人姓名及年、月、日。

(四)祝贺信的注意事项

1. 真诚。祝贺信要体现的是自己真诚的祝福,是加强彼此联系、增强双方交流的重要手段,所以祝贺信要写得感情饱满充沛。

2. 真实。祝贺信内容要真实,评价成绩要恰如其分,表达决心要切实可行,不可空发议论,空喊口号。

3. 精练。祝贺信与贺词有所不同,不要将祝贺信写成贺词。贺词内容篇幅长,而祝贺信要求语言精练、简洁、明快,篇幅要短小精悍,不宜长篇大论。

模块三　范例呈现

范例一

××学校运动会贺信

金秋十月,和风送爽,彩旗猎猎飘,口号阵阵响,白鸽放飞,五环临空。我们盼望已久的第×届秋季田径运动会拉开了帷幕。

运动会让学海遨游中有点疲惫的我们得以放松,让赛场拼搏的精神化为继续学习的动力,团结向上、激情进取的精神得以展现,互帮互助,携手并进的爱心,关怀行动如沐春风。同学们,微笑面对失败,掌声收获成功,在拼搏中赢得一颗平常心,感悟运动的力量,感悟运动的美。运动健儿们,加油！白色的起跑线上让你们的飒爽英姿定格成永恒,铿锵的呐喊声将成为你们脚下的旋律,一路拼搏,一路高歌,一路汗水,一路情。

最后,预祝运动健儿勇创佳绩！祝本届运动会圆满成功！祝××中学明天更美好！

此致

敬礼

校团委

××××年××月××日

范例二

贺　信

国家花样滑冰队、国家冰壶队:

在北京冬奥会花样滑冰比赛中,我们共睹了国家花样滑冰队的精彩表现。隋文静和韩聪的"葱桶"组合,在北京冬奥会花样滑冰双人滑决赛中充分体现了挑战自我、永不放弃的体育精神,为观众呈现了一场极具感染力及艺术表现力的比赛,为北京冬奥会中国体育代表团夺得第九枚金牌。花滑团体赛、王诗玥和柳鑫宇的冰舞均创造了历史最好成绩,金博洋、彭程和金杨也表现出色,均刷新了其赛季最好成绩。"千淘万漉虽辛苦,吹尽狂沙始到金",你们用不懈奋斗和顽强拼搏的精神书写了中国冰雪运动的新篇章。

国家冰壶队同样在北京冬奥会赛场上为观众奉献了一场场精彩比赛,你们敢打敢拼的运动精神令人印象深刻,在赛场外与对手共同书写友谊第一的佳话更赢得了大家的称赞。

作为国家花样滑冰队、国家冰壶队的合作伙伴,中国电信对国家花样滑冰队、国家冰壶队在北京冬奥会上的精彩表现和取得的优异成绩表示热烈祝贺!

中国电信与国家花样滑冰队、国家冰壶队的合作是科技+艺术+体育的结缘,也是电信智慧应用与体育的融合。未来,中国电信将继续发挥5G云网融合优势,持续推进科技创新,实现5G、人工智能、云网、大数据等信息技术与冰雪运动员训练、体育场馆建设运营、赛事直播等更好的结合,助力冰雪产业进入5G新时代,助力三亿人参与冰雪运动。

祝愿中国冰雪运动更加普及,中国冰雪健儿取得更加优异的成绩!

中国电信集团有限公司

2022年2月20日

模块四　能力训练

1. 学校共青团委在年度考核工作中荣获全市“优秀基层团组织”荣誉称号。请以校学生会名义向校团委发一封祝贺信。

2. 学校智能制造系精心组织师生刻苦训练，在全国机电一体化技能大赛中夺得冠军。请你以学校的名义向智能制造系发一封祝贺信。

任务六　欢迎词、欢送词

模块一　情景导入

为提升形象、扩大影响、招商引资、促进发展，某公司将举办一次产品推介会，邀请到了政府领导、同行企业及新闻媒体。按照惯例和程序，在活动开幕式上，常常要由一位东道主方的重要人物向来宾敬致一篇热情洋溢的欢迎词。那么，撰写一篇合乎规范的活动欢迎词自然就是活动筹备过程中一项不可忽视的细节工作了。你知道应怎么写吗？

“相见时难别亦难”，公司中有一位亲密的同事即将调任外地其他部门工作，欢送会怎样才能成功圆满？依依惜别之情如何表达？一篇自然得体、充满感情的欢送词显得尤为重要。

模块二　知识积累

一、欢迎词、欢送词的概念

1. 欢迎词。

欢迎词是指客人光临时，主人为表示热烈的欢迎，在座谈会、宴会、酒会等场合发表的热情友好的讲话。

2. 欢送词。

欢送词是客人应邀参加了活动，主人为表达对客人的欢送之意，在一些会议或重大庆典活动、参观访问等结束时的讲话。

二、欢迎词、欢送词的种类

1. 从表达方式上分。

可分为现场讲演的欢迎词、欢送词和报刊发表的欢迎词、欢送词。现场演讲的欢迎词、欢送词一般由欢迎、欢送人在主客方首次见面和分别时在现场口头发言。报刊发表的欢迎词和欢送词非常正式隆重，一般发表在报纸或公开发行刊物之上。

2. 从社交的公关性质上分。

可分为私人交往欢迎、欢送词和公事往来欢迎、欢送词。私人交往的欢迎、欢送词一般是在个人举行的宴会、活动等非官方的场合下使用的发言稿，往往具有很大的即时性、现场性。公事往来的欢迎、欢送词一般在较庄重的公共事务中使用,应有事先准备好的得体的书面稿,文字措辞上的要求较私人交往欢迎词要更为正式和严格。

三、欢迎词、欢送词的结构和写法

欢迎词、欢送词的结构一般应有以下五个部分:

1. 标题。

标题写法一般有两种:一种是单独以文种命名,如《欢迎词》《欢送词》;另一种是由活动内容和文种名共同构成,如《在××学术讨论会上的欢迎词》《对工作考察组离校的欢送词》。

2. 称呼。

称呼写在开头顶格处,要写明受欢迎、被欢送人员的姓名称呼。如"尊敬的各位先生们、女士们""亲爱的××大学各位同仁"。

3. 正文。

正文一般由开头、中段和结尾三部分构成。开头通常应说明现场举行的是何种仪式,发言者代表什么人向哪些来宾表示欢迎和欢送。中段一般阐述和回顾宾主双方在共同的领域所持的共同的立场、观点、目标、原则等内容,较具体地介绍来宾在各方面的成就及在某些方面做出的突出贡献,同时要指出来宾本次到访或光临对增加宾主友谊及合作交流所具有的现实意义和历史意义。

4. 结尾。

通常在结尾处再次向来宾表示欢迎或欢送,并表达对今后合作的良好祝愿。如是欢迎词,可预祝会议、活动圆满成功,感谢来宾的到来和指导。如是欢送词,可感谢欢送对象的辛勤工作,祝对方一路顺风,万事如意!

5. 落款。

在报刊发表的欢迎词和欢送词必须署上致辞单位名称、致辞者的身份、姓名及成文日期。现场口头发言的欢迎词和欢送词稿件一般也应有落款,但实际发言时可以省略。

四、欢迎词、欢送词写作的注意事项

欢迎词、欢送词是出于礼仪的需要而使用的,因此要十分注意礼貌。具体而言,要注意以下几点:

1. 称呼要用尊称,感情要真挚,要能较得体地表达自己的原则立场。

2. 措辞要慎重,勿信口开河,同时要注意尊重对方的风俗习惯,应避开对方的忌讳,以免发生误会。

3. 语言要精确、热情、友好、温和、礼貌。

4. 篇幅短小,言简意赅。一般的欢迎词、欢送词都是一种礼节性的外交或公关辞令,宜短小精悍,不必长篇大论。

模块三　范例呈现

范例一

欢迎词

女士们、先生们：

在此×××厂30周年厂庆之际，请允许我代表×××厂，向远道而来的贵宾们表示热烈的欢迎。

朋友们不顾路途遥远专程前来贺喜并洽谈贸易合作事宜，为我厂30周年庆更添了一份热烈和祥和，我们由衷地感到高兴，并对朋友们为增进双方友好关系作出的努力，表示诚挚的谢意！

今天在座的各位来宾中，有许多是我们的老朋友，我们之间有着良好的合作关系。我厂建厂30年能取得今天的成绩，离不开老朋友们的真诚合作和大力支持。对此，我们表示由衷的钦佩和感谢。同时，我们也为能有幸结识来自全国各地的新朋友感到十分高兴。在此，我再次向新朋友们表示热烈欢迎，并希望能与新朋友们密切协作，发展相互间的友好合作关系。

"有朋自远方来，不亦乐乎。"在此新朋老友相会之际，我提议：

为今后我们之间的进一步合作，为我们之间日益增进的友谊，为朋友们的健康幸福，干杯！

范例二

致考察组的欢送词

各位尊敬的考察组领导、朋友：

首先，我代表×××公司，对你们考察访问的圆满成功表示热烈的祝贺。

明天，你们就要离开我们公司了，在即将分别的时刻，我们的心情依依不舍。大家相处的时间是短暂的，但我们之间的友好情谊是长久的。我国有句古语："来日方长，后会有期。"我们欢迎各位女士、先生在方便的时候再次来我公司做客，相信我们的友好合作会日益加强。

祝大家一路顺风，万事如意！（鞠躬）

模块四　能力训练

班上来了一名新同学，请你代表班委写一篇欢迎词，对新同学表示欢迎。

参考文献

[1] 周爱荣,尹友,黄影.新编应用文写作[M].上海:同济出版社,2021.

[2] 杜江,蔡本清,周剑芸.中职应用文写作[M].重庆:重庆出版社,2018.

[3] 人力资源社会保障部教材办公室.语文[M].北京:中国劳动社会保障出版社,2016.